U0624573

历史与权利

——权利发生说的思想史研究

文 丰 著

中国海洋大学出版社

CHINA OCEAN UNIVERSITY PRESS

·青岛·

图书在版编目（ＣＩＰ）数据

历史与权利：权利发生说的思想史研究 / 文丰著
. — 青岛：中国海洋大学出版社，2019.5
ISBN 978-7-5670-1980-5

Ⅰ. ①历… Ⅱ. ①文… Ⅲ. ①权利－政治思想史－研究－西方国家 Ⅳ. ①D091

中国版本图书馆 CIP 数据核字(2019)第 301135 号

出版发行	中国海洋大学出版社
社　　址	青岛市香港东路23号
邮政编码	266071
出 版 人	杨立敏
网　　址	http://pub.ouc.edu.cn
电子信箱	1922305382@qq.com
订购电话	0532-82032573 （传真）
责任编辑	曾科文　陈　琦　　　　**电　话**　0898-31563611
印　　制	北京虎彩文化传播有限公司
版　　次	2019年12月第1版
印　　次	2019年12月第1次印刷
成品尺寸	145 mm×210 mm
印　　张	6
字　　数	123千
印　　数	1—1000
定　　价	26.00元

发现印装质量问题，请致电 028-85120739 调换。

目 录

第二篇　想　象

导　论

　　在求索中，左右着我们的勤奋和结果与结论的东西，从根本上误导着我们，使我们误以为在制作着什么本质性的东西。

——海德格尔

　　对西方理念的认知与批判构成当代知识界的一个本质性活动。这场运动的内在逻辑，要求每一个批判者都能够从哲学的本源出发去解构已建构好的各种理论框架。现代政治学、经济学和社会学的分析对象无不以各种关系中的人为主要内容，实际上形成互为主体的各种权利关系。通过对权利关系的梳理可以抽象出或者是挖掘出其中最主要的一条线索就是政治权利。政治权利对其他的权利，比如社会、家庭、宗教、经济、生产、贸易等居于绝对地位，是所有权利关系中起主导性作用的关系。

　　在古典时期，西方的思想家们演绎出一套关于自然权利的权利学说。这一学说的古典形式在中世纪被融合进了带有强烈宗教色彩的宇宙观中，并配以目的论的形式来揭示人类社会的必然命运。目的论的宿命特点当然不是宗教界的神学家们所独有，在启蒙时代——即理性化的反宗教时代，启蒙主义者们将某种可以被验证或能够被论证的社会权利观点赋予了神圣的意义和价值。从中世纪到启蒙运动的权利理念的变化，对于近代后期的经济学家和社会学家而言无非是经济社会发展导致的必然结果，这在本质上又承续了目的论的"悠久"传统，社会的阶段性进步不但得到了科学主义的强力支持，更有达尔文的进化论予以了更加直接的证明。因此，自然权利在西方的发展史并不显得那么神秘，反而愈接近近代，其神秘性愈在科技进步的冲击下消失于无形。

　　抽象的自然权利被赋予的神圣光环逐渐隐退，人文主义却发展到顶峰，技术的力量被论证为人的力量，技术的理性特质被定义为人固有的特质。人类区别于动物，但是自由意志的主体性地位却悄然动摇。现代历史上的两次大战，对于推崇理性的人类来说简直无异于天大的讽刺。于是，列奥·施特劳斯重新拾起了"自然权利"的火炬。他希望告知后世，理性之光常照世界，但是世界是否必须因理性而彻底祛魅，遁入"事实或价值中立"的客观主义洞穴尚有待观察。

　　"当前，自然权利的问题与其说是关乎确切的知识，不如说是关乎人们的回忆。因此我们有必要从事历史研究，以进一步熟悉这个问题的全部复杂性。有的时候我们得充当一下所谓的'思想史'的研究者。"①按照施特劳斯的意思，关于自然权利或政治权利的考察必须清理出一条思想史的路径。在这条道路上充满了各种谬误的深坑和扭曲的幻象。所以如果要整个审视几千年来人类的政治思想史或权利学说，那将必然是一场无比艰苦卓绝的战斗。施特劳斯指出："当前的社会科学拒斥自然权利论是出于两个互补相同而又在很大程度上搅合在一起的理由。它以历史的名义和以事实与价值的分野的名义来拒斥自然权利论。"②这两个理由的前提都是近代科学（或工业革命）发展的结果，即实证形式的发展出现了可以与之相配合的技术手段，历史不再是传奇故事和神话传说，而是立足于档案和考古的客观陈述与批判性思考。事实与价值的分野同样是科学精神在社会学科中的集中体现：人类需要事实，但不妨碍幻想，只不过事实与价值的内在联系被打断。因此来自自然（nature）的权利（right）必须能够经受科学的验证，否则，它就会被无情地归入伪命题的行列。

那么，从自然权利的反面出发，相背而行，是否有可能以验证自然权利并不存在为目标来检验权利发生的真实源

①列奥·施特劳斯：《自然权利与历史》，彭刚译，生活·读书·新知三联书店，2016，第7页。

②列奥·施特劳斯：《自然权利与历史》，彭刚译，生活·读书·新知三联书店，2016，第9页。

头？当然，这无异于一场以思想史为名的精神冒险。两千年积淀而成的自然权利思想不会因为科学的高度发达而突然消失，当然也不会因为社会科学对其多方面的论证而更加巩固。它在精神领域中的退却，并不会影响我们当今时代的文明发展。只不过它的演变过程同时启示了我们关于当代人类权利的真实状况究竟如何。

自然权利的历史在某种程度上揭示了人何以自由的历史。自然权利的理论基础即是默认人类的自由权利。因此，如果在研究思想史的过程中存在着一条"捷径"的话，那么关于人类权利发生的历史便可以简化为人类自由的发展史。然而研究的"捷径"并不是自由的历史的发展捷径，争取自由的斗争与消灭饥荒和麻疹的历史一样艰险而又漫长。"近现代欧美历史的中心便是人谋求自由，摆脱政治、经济、精神的羁绊。发起争取自由斗争的是那些渴望自由的被压迫者，反对的是那些维护特权的人。欲摆脱统治、谋求自身解放的阶级在斗争时坚信它在为人类的自由而战，因而可以以某种理想，吸引所有受压迫者，唤醒其内心深处隐藏的对自由的渴望。然而，在连绵不断的争取自由的漫长斗争中，曾经反对压迫的阶级在赢得胜利、需要维护新特权时，又成为自由的敌人。"①自由的局限性被弗洛姆作为心理学研究的对

①艾里希·弗洛姆：《逃避自由》，刘林海译，上海译文出版社，2015，第1页。

象，它在实际上解构了自然权利中关于个人自由或所有人自由的客观性。这种心理学观察是否能和传统的历史学观察等量齐观我们尚不能下定论，但是自然权利中所囊括的所有人类权利在实质上是否都可以被心理学审视？那么自然权利的神性因素无非是人性因素的自我神化。那么自然权利的客观基础就必须转化为可以为每个人所接受的评估机制——社会契约。这就是作为核心价值取向的自由权利（在此添加上平等权利也可以）本身并没有任何客观保障，它是人们相互隔离和共同想象的产物。

　　而近代国家暴力机器对于社会契约的保障，也没有提供更多新鲜的关于自然权利或自由的素材，它只是人类社会当前发展阶段的一种自利行为的政治化。因为只有保障了自由才能保障其他的政治权利，所以古典时代的权利发生机制与现代的权利发生机制在本质上是相似的，在形式上却是不同的。然而，自然权利的神圣性演变为社会契约的神圣性，再进一步呈现为"国家法权"的神圣性，所以自然权利在形式上转变为自然法意义下的实体法律，权利哲学同样表现为法哲学。社会契约理论就是对这一转变的哲学解释，但是，在罗尔斯那里又精心打造了一个"正义"的背景："在一个正义的社会里，平等的公民自由是确定不移的，由正义所保障的权利决不受制于政治的交易或社会利益的权衡。允许我们默认一种有错误的理论的唯一前提是尚无一种较好的理论，同样，使我们忍受一种不正义只能是在需要用它来避免另一种更大的不正义的情况下才有可能。作为人类活动的首要机制，真理和正义是决不妥协的。"[①]真理和正义为社会契约做出了巨大的贡献，至少被罗尔斯默认为（设定为）社会契约的概念化基础。那么从自然权利到对争取自由的斗争，再到社会契约的法律保障，直至真理与正义化身为社会契约的卫士，西方的权利学说走过了一条相对完整的创生—捍卫的思想史路径。然而，这并没有回答权利发生的基础为何必须要以这些词汇——自由、平等、真理、正义、公正等为基石。或许存在着这样一种可能性，这些主观限定的概念本身体现人的某些原始的欲求，而必须通过某种特定的手段才能加以限制和使用。那么权利发生的源头就可能是那些现实中不易觉察到的限制手段而非保障机制。

---

①罗尔斯：《正义论》，何怀宏、何包钢、廖申白译，中国社会科学出版社，1988，第2页。

第一篇　隔　离

第一章　理想社会

一、特权与仁政

国家与社会整合是所有政治体系的中心任务。既然要实现整合的目标，那为何隔离不列入整合的范畴进行研究，而要以隔离为中心呢？这是因为隔离是获得神秘感、卡利斯玛特征和政治经济特权的主要途径。

隔离就是对利益进行分割，这种分割的初衷在于区别统治者与庶民。特权的诞生正是隔离作为权利制造技术的表现。齐宣王问孟子，为何周文王的园林七十里，而自己的只有四十里，但是民众觉得前者小，而后者大。孟子指出，前者与民共有，而后者为君独有。后者是由特权故意制造的禁区，且使用了严厉的惩罚机制"杀其麋鹿者如杀人之罪"，等同于是在国内人为地制造"陷阱"——起初是统治者独享权利的一种防御机制，即阻止民众进入的区域，然后演变成了潜在的诱杀机制——以至于孟子到达齐国边境时，先询问了"国之大禁"，然后才敢入。①这种隔离区域成为普通民众的生存威胁，人们会因为无意中触犯禁区或捕猎禁区动物而送命。而孟子阐述"仁政"的观点，其中一个核心思想就是统治者与民众直接的无隔离状态——与民同乐。这在孟子见梁惠王时，有过类似的表达，孟子强调了统治者与民同乐的重要性，否则"时日害丧？予及女偕亡"。②因此仁政的一个重要表现就是"人和"，统治者与民众之间的通力合作。由此，社会整合必然是各种隔离的对立面——"域民不以封疆之界，固国不以山溪之险，威天下不以兵革之利。"③

那么，对于一个社会来说特权之所以能成为特权其首要标志之一，就是拥有对社会成员与自己之间实现隔离的能力：用围墙、栅栏、壕沟、军队、警察、保安部队、宪兵等来以自己为中心建立一种线性的自我隔离机制。从而将权力围墙之内与权利范围之外的社会大众分隔开来。如此一来，才能够保证特权的形式和使用。那么建立在这种隔离关系之上的权利，就是我们今天所谓的政治权利。如果没有一种对特权的这种信心的展示，反过来也就没有一种高墙之外的对特权本身的种种猜想。于是我们就可以看到在美国，给予民众参观这个国家最高权力中心的内部机会，比如白宫或国会

① 《孟子·梁惠王下》。
② 《孟子·梁惠王上》。
③ 《孟子·公孙丑》。

大厦；在日本表现为每年两次的参见天皇夫妇的活动。这些都是主动将隔离在特定的时间段暂时破除。那么，就是通过在这种特权之墙的内外与普罗大众的近距离交流沟通，促进社会理解，在一定程度上削弱隔离造成的障碍。但这仅是暂时性的削弱阻隔，最高权力时刻需要保持绝对的神秘感来强化对社会的吸引力，日积月累之后，物理上的隔离内化成心理上的隔离，在密不透风的高墙背后可能是监狱也可能是特权，统治者自身也成为特权的囚徒。明知将整个社会融为一体就是要最大限度地消除各处特权的标志，它并不代表特权本身的对和错，而是要在一定程度上避免流言或谣言的产生，这才是关键。那么，在古代中国权利体系生产出来的这种特权之墙，导致了国家被分割为统治者和被统治者两个阶层。而且这两个阶层打破隔离的主要方式，要么就是社会革命，要么就是科举考试——一种人才由底层向高层的流动状态。

特权制造的隔离之墙，有着其天然的优势，权利被谨慎细致地保护在一个温室之内，一方面实现权力核心的相对稳定性，另一方面通过制造神秘感来强化权力的神圣性。深宫高墙在中国古代文学中作为一种心理隔离机制经常被有意识地表达，这并不损害权力自身的各种特性。只不过对于社会大众而言，他们最重要的权利就是保证"不饥不寒"的最低限度的生存权利。所以由高墙构成的隔离之幕，并没有成为民众对于最高权力政治认同的一种强力障碍，他们最关心的无非是个人温饱和子孙满堂，他们最担心的无非是距离他们最近的那一级官府的征兵征税。因此，古典时代的政治特权并没有太大的社会破坏力，它的致命伤反而来自高墙内部的种种不良行径。所以在这类政治体系中，权利关系要相对简单得多。它对于民众的直接效力来自是否实施"仁政"——苛政的对立面。

二、隔离与权利合法性起源：畸形与神迹

统治者与普通人到底有什么不同？陈胜、吴广的"王侯将相宁有种乎"已经道明了全部真理：统治者与民众没有任何差别。正是因为没有差别，就必须积极制造差别——对合法性的强烈需求是政治的第一要义，而围绕统治合法性的基本问题就是："凭什么你可以而我不行？"因此，哪怕去编造一种明显的畸形现象也要将统治者与普通人隔离开来。其原因在于尽管畸形但却是区别于普通人的卡利斯玛标志，所以畸形反而成了一种获得合法性的必要前提。

> 黄帝者……生而神灵，弱而能言，幼而徇齐，长而敦敏，成而聪明。
>
> 高辛生而神灵，自言其名。普施利物，不于其身。聪以知远，明以察微。顺天之义，知民之急。
>
> 帝尧者，放勋。其仁如天，其知如神。就之如日，望之如云。富而不骄，贵而不舒。

《史记·五帝本纪》

禹为人敏给克勤；其德不违，其仁可亲，其言可信；声为律，身为度，称以出；亹亹穆穆，为纲为纪。

《史记·夏本纪》

光武年九岁而孤，养于叔父良。身长七尺三寸，美须眉，大口，隆准，日角。性勤于稼穑，而兄伯升好侠养士，常非笑光武事田业，比之高祖兄仲。王莽天凤中，乃之长安，受《尚书》，略通大义。

《后汉书·光武帝纪上》

太祖少机警，有权数，而任侠放荡，不治行业，故世人未之奇也；惟梁国桥玄、南阳何颙异焉。玄谓太祖曰："天下将乱，非命世之才不能济也，能安之者，其在君乎!"

《三国志·魏书·武帝纪》

尉缭对中国历史上第一个皇帝嬴政的形象描画："秦王为人，蜂准，长目，挚鸟膺，豺声，少恩而虎狼心，居约易出人下，得志亦轻食人。我布衣，然见我常身自下我。诚使秦王得志于天下，天下皆为虏矣。不可与久游。"[1]无非显示出一个可能带有非中原血统的普通人的形象——纯粹就面相和声音而论，只不过他恰好是一位国君，所以在揭示其个人性格后，尉缭推测了关于秦王得志于天下后的可能行为。但反过来说，史书刻画这位"千古一帝"仍然不过是个普通人而已。

---

[1] 《史记·秦始皇本纪》。

卢生说始皇曰："臣等求芝奇药仙者常弗遇，类物有害之者。方中，人主时为微行以辟恶鬼，恶鬼辟，真人至。人主所居而人臣知之，则害于神。真人者，入水不濡，入火不蓺，陵云气，与天地久长。今上治天下，未能恬倓。原上所居宫毋令人知，然后不死之药殆可得也。"于是始皇曰："吾慕真人，自谓'真人'，不称'朕'。"乃令咸阳之旁二百里内宫观二百七十复道甬道相连，帷帐钟鼓美人充之，各案署不移徙。行所幸，有言其处者，罪死。始皇帝幸梁山宫，从山上见丞相车骑众，弗善也。中人或告丞相，丞相后损车骑。始皇怒曰："此中人泄吾语。"案问莫服。当是时，诏捕诸时在旁者，皆杀之。自是后莫知行之所在。

《史记·秦始皇本纪》

帝王的神秘主义体现在本质上就是一种"自我隔离"。对受命于天的天子——天的人格化与人的神格化——除了在维护特权的高墙之内继续自我隐藏之外，没有别的什么东西，能防止皇权周围的人绝对地效忠皇权。所以对于大一统帝国的第一个王朝第一位皇帝而言，他能够做出的选择就只能是不断地自我隔离，以尽量维持这种神秘感。

然而对于汉高祖，司马迁则着力塑造了一位必然要创造奇迹的统治者形象——不论是妊娠、相貌、成年后的行为，无不证明了刘邦与生俱来的、不同于凡夫俗子的各类特征：

　　高祖，沛丰邑中阳里人，姓刘氏，字季。父曰太公，母曰刘媪。其先刘媪尝息大泽之陂，梦与神遇。是时雷电晦冥，太公往视，则见蛟龙于其上。已而有身，遂产高祖。高祖为人，隆准而龙颜，美须髯，左股有七十二黑子。仁而爱人，喜施，意豁如也。常有大度，不事家人生产作业。及壮，试为吏，为泗水亭长，廷中吏无所不狎侮。好酒及色。常从王媪、武负贳酒，醉卧，武负、王媪见其上常有龙，怪之。高祖每酤留饮，酒雠数倍。及见怪，岁竟，此两家常折券弃责。

　　　　　　　　　　　　　　　《史记·高祖本纪》

　　然而这只是开始，畸形的体貌、任性的举止还不足以构成统治合法性的事实基础，他必须像所有的君王一样，需要事实证明他具备统治天下的能力。可悖论是，在古典时期，一个人成为最高统治者之前，如何证明自身具有统治天下的能力？——这就是统治者与管理者的细微区别，管理作为行政技术，可以通过实践训练获得："宰相必起于州部，猛将必发于卒伍。"[1]而统治则意味着超越纯粹技术的存在，必须有"超人"的特征，才能算具备统治的资格，这却不是靠训练获得的。所以必须继续制造统治合法性的依据——哪怕是一段传说，甚至神话：

　　高祖被酒，夜径泽中，令一人行前。行前者还报曰：

---

① 《韩非子·显学》。

"前有大蛇当径，原还。"高祖醉，曰："壮士行，何畏！"乃前，拔剑击斩蛇。蛇遂分为两，径开。行数里，醉，因卧。后人来至蛇所，有一老妪夜哭。人问何哭，妪曰："人杀吾子，故哭之。"人曰："妪子何为见杀？"妪曰："吾，白帝子也，化为蛇，当道，今为赤帝子斩之，故哭。"人乃以妪为不诚，欲告之，妪因忽不见。后人至，高祖觉。后人告高祖，高祖乃心独喜，自负。诸从者日益畏之。

《史记·高祖本纪》

这段履职尽责事故过程中的酒后故事被作为刘邦本人卡利斯玛特征的事实证明，他不喜才怪。然而，这种酒后神话可能仍然难以服众，于是现实的统治者也被拉出来帮忙继续造神：

秦始皇帝常曰"东南有天子气"，于是因东游以厌之。高祖即自疑，亡匿，隐于芒、砀山泽岩石之间。吕后与人俱求，常得之。高祖怪问之。吕后曰："季所居上常有云气，故从往常得季。"高祖心喜。沛中子弟或闻之，多欲附者矣。

《史记·高祖本纪》

前者刘邦喜完了，得到的是他人的心理畏惧，而后面这段"天气"故事，说明其获得了追随者。从酒后故事到天气故事，我们可以发现，隔离—整合机制在整个权利合法性制造上的强化作用。首先，天赋异禀之人必然与凡夫俗子之间产生距离，这是畸形导致的隔离结果。然而，在成为最高统治者之前作为一介平民如此"不合群"的话，如何服众？那么整合机制必须发挥作用，通过各种神迹和传言，对众人产生吸引力和向心力。这种尚未掌握暴力之前的心理驾驭技术，将隔离的负面效果降至最低。

"天气"故事之后，神迹制造告一段落，因为有人开始造反了。刘邦积极献身于古往今来各类政治领袖最热爱的运动之一——政权争夺战。对此，神迹在残酷的现实主义政治博弈中悄然消失。他不能依靠巫术和传说抵抗秦朝军队或击败西楚霸王——证据之一就是文臣中的萧何、曹参、陈平；武将里的樊哙、周勃、韩信——这个汉朝创业团队中，从来没有梅林、邓布利多或哈利·波特。接下来的楚汉斗争史，如果非要说成是天命对刘邦的选择的话，也是一种试炼：在与项羽历时四年的较量中，刘邦败多胜少。但这种苦修以获得天命认可的合法性获取模式，很不对中国传统的胃口。在起步时艰苦只能算作一种普通意义的修行，作为一个完人而言，最好是从头到尾都能连战连胜。与刘邦发迹史相似的还有《西游记》里的五人（畜）团队（唐僧的座驾是白龙变的，所以也算一个名额）。

没有任何证据表明，这种现实主义的考核模式：天命委托——试炼考验——责任承担，在所有的情形下都能够自圆其说。关键在于，历史学家的故事要能激发人的想象力，所以，事情的逻辑和事件的真相并不重要，相对于"事实"，人们更喜欢"传奇"。在中国和西方经典的相同之处里，中国典籍更多的是强调创业过程的艰难，而非统治者的个人修行——因为从"春秋无义战"开始，在正统儒家眼中，很多统治者根本不是刽子手就是变态狂。所以德行是后天教化的结果，以避免对"天命代理人"总是产生"望之不似人君"的尴尬。于是第二种制造"魅力人君"的技术就被发展起来，汉代以后的统治者需要通过学习儒家经典来塑造个人魅力——当然是统治魅力。然而，这一目标一直到宋代才得以基本实现。

在《明史》中，类似《史记》对刘邦的神迹制造再次出现：

> （朱元璋）先世家沛，徙句容，再徙泗州。父世珍，始徙濠州之钟离。生四子，太祖其季也。母陈氏，方娠，梦神授药一丸，置掌中有光，吞之，寤，口余香气。及产，红光满室。自是夜数有光起，邻里望见，惊以为火，辄奔救，至则无有。比长，姿貌雄杰，奇骨贯顶。志意廓然，人莫能测。……太祖孤无所依，乃入皇觉寺为僧。逾月，游食合肥。道病，二紫衣人与俱，护视甚至。病已，失所在。
>
> 《明史·本纪第一》

与刘邦母亲和蛇交配的情况有所不同，朱元璋的母亲是在梦里吃药受孕。分娩时，又是"红光满室"。这种奇怪的受孕方式，不但不被认为是一种丑闻，反而被记入正史以便流传万世。

通过天命的介入，更多宫廷阴谋得以合理化，更多乱臣贼子的篡逆行为都得以披上合法性的外衣。《北齐书》和《周书》分别对北齐神武帝高欢和周文帝宇文泰的神迹和畸形有详细的描写。

南北朝诸帝直至隋唐王朝的开创者们看起来也都不是什么"肉体凡胎"：

（刘裕）及长，身长七尺六寸，风骨奇特。家贫，有大志，不治廉隅。事继母以孝谨称。

《宋书》

高帝以宋元嘉四年丁卯岁生，姿表英异，龙颡钟声，长七尺五寸，鳞文遍体。旧宅在武进县，宅南有一桑树，攒本三丈，横生四枝，状似华盖。帝年数岁，好戏其下，从兄敬宗曰："此树为汝生也。"

《南史·齐本纪上第四》

太祖以元嘉四年丁卯岁生。姿表英异，龙颡钟声，鳞文遍体。

《南齐书》

帝以宋孝武大明八年岁次甲辰生于秣陵县同夏里三桥宅。初，皇妣张氏尝梦抱日，已而有娠，遂产帝。帝生而有异光，状貌殊特，日角龙颜，重岳虎顾，舌文八字，项有浮光，身映日无影，两胯骈骨，项上隆起，有文在右手曰

"武"。帝为儿时，能蹈空而行。及长，博学多通，好筹略，有文武才干。所居室中，常若云气，人或遇者，礼辄肃然。初为卫军王俭东阁祭酒，俭一见深相器异，请为户曹属。谓庐江何宪曰："此萧郎三十内当作侍中，出此则贵不可言。"竟陵王子良开西邸，招文学，帝与沈约、谢朓、王融、萧琛、范云、任昉、陆倕等并游焉。号曰"八友"。融俊爽，识鉴过人，尤敬异帝，每谓所亲曰："宰制天下，必在此人。"累迁随王镇西谘议参军。行经牛渚，逢风，入泊龙溪。有一老人谓帝曰："君龙行虎步，相不可言，天下方乱，安之者其在君乎？"问其名氏，忽然不见。

《南史·梁本纪上第六》

高祖以宋孝武大明八年甲辰岁生于秣陵县同夏里三桥宅。生而有奇异，两胯骈骨，顶上隆起，有文在右手曰"武"。帝及长，博学多通，好筹略，有文武才干，时流名辈咸推许焉。所居室常若云气，人或过者，体辄肃然。

《梁书》

帝以梁天监二年癸未岁生。少倜傥有大志，长于谋略，意气雄杰，不事生产。及长，涉猎史籍，好读兵书，明纬候、孤虚、遁甲之术，多武艺，明达果断，为当时推服。身长七尺五寸，日角龙颜，垂手过膝。尝游义兴，馆于许氏，梦天开数丈，有四人朱衣，捧日而至，纳之帝口，及觉，腹内犹热，帝心独喜。

《南史·陈本纪上第九》

少倜傥有大志，不治生产。既长，读兵书，多武艺，明达果断，为当时所推服。身长七尺五寸，日角龙颜，垂手过膝。尝游义兴，馆于许氏，夜梦天开数丈，有四人朱衣捧日而至，令高祖开口纳焉。及觉，腹中犹热，高祖心独负之。

《陈书》

圣武皇帝讳诘汾，尝田于山泽，欻见辒輬自天而下。既至，见美妇人自称天女，受命相偶。旦日请还，期年周时复会于此，言终而别。及期，帝至先田处，果见天女，以所生男授帝，曰："此君之子也，当世为帝王。"语讫而去。即始祖神元皇帝也。

桓帝英杰魁岸，马不能胜，常乘安车，驾大牛，牛角容一石。帝曾中蛊，呕吐之地仍生榆，参合陂土无榆，故时人异之。

《北史》

谥生皇考树，性通率，不事家业。住居白道南，数有赤光紫气之异，邻人以为怪，劝徙居以避之。皇考曰："安知非吉？"居之自若。及神武生而皇妣韩氏殂，养于同产姊婿镇狱队尉景家。……目有精光，长头高颧，齿白如玉，少有人杰表。……神武自队主转为函使。尝乘驿过建兴，云雾昼晦，雷声随之，半日乃绝，若有神应者。每行道路，往来无风尘之色。又尝梦履众星而行，觉而内喜。……刘贵尝得一白鹰，与神武及尉景、蔡俊、子如、贾显智等猎于沃野。见一赤兔，每搏辄逸，遂至回泽。泽中有茅屋，将奔入，有狗自屋中出，噬之，鹰兔俱死。神武怒，以鸣镝射之，狗毙。屋中有二人出，持神武襟甚急。其母两目盲，曳杖呵其二子曰："何故触大家！"出瓮中酒，烹羊以饭客。因自言善暗相，遍扣诸人皆贵，而指麾俱由神武。又曰："子如历位，显智不善终。"饭竟出，行数里还，更访之，则本无人居，乃向非人也。由是诸人益加敬异。……后从荣徙据并州，抵扬州邑人庞苍鹰，止团焦中。每从外归，主人遥闻行响动地。苍鹰母数见团焦赤气赫然属天。又苍鹰尝夜欲入，有青衣人拔刀叱曰："何故触王！"言讫不见。始以为异，密觇之，唯见赤蛇蟠床上，乃益惊异。

《北齐书·帝纪第一》

太祖，德皇帝之少子也。母曰王氏，孕五月，夜梦抱子升天，才不至而止。寤而告德皇帝，德皇帝喜曰："虽不至天，贵亦极矣。"生而有黑气如盖，下覆其身。及长，身长八尺，方颡广额。美须髯，发长委地，垂手过膝。背有黑子，宛转若龙盘之形，而有紫光，人望而敬畏之。……初，贺拔岳营于河曲，有军吏独行，忽见一老翁，须眉皓素，谓之曰："贺拔岳虽复据有此众，然终无所成。当有一宇文家从东北来，后必大盛。"言讫不见。此吏恒与所亲言之，至是方验。

《周书·帝纪第一》

生而不惊。方四岁，有书生谒高祖曰："公在相法，贵人也，然必有贵子。"及见太宗，曰："龙凤之姿，天日之表，其年几冠，必能济世安民。"书生已辞去，高祖惧其语泄，使人追杀之，而不知其所往，因以为神。乃采其语，名之曰世民。

《新唐书·本纪第二》

朱元璋24岁时，正逢元末农民起义，就近加入郭子兴的农民军，加入的原因为避兵祸而占卜。由于占卜的结果是去留"皆不吉"，所以就参加革命了。而神迹制造到此告一段落。①传统的正史著作（《明史》和《清史稿》）中，对于后世的帝王，即朱元璋之后的明朝诸帝和顺治之后的清朝诸帝都没有什么"神迹"或"畸形"描写了。

这种稀奇古怪的神迹无非是要制造这些帝王的天然合法性。只是史书动用了为中国传统理性主义（法家和儒家）所不齿的造神行为。它的直接效果也无非是想把帝王与凡人区隔开。

隔离首先是一种被迫的从属于自然界的原始行为，人被大自然包围分隔，紧接着农业社会的出现，农村社会主动选择了或者依赖于那些能够进行种植的地域。每个社会之间的联系要么通过商旅，要么依靠远距离的征服活动得以实现。而工业文明发展之后，人类开始反过来分隔大自然——建立自然保护区。分隔由一种自我保护变成了一种社会惩罚，再变成一种被动的或者叫自动的脱离，这就是隔离。那么在传统社会中是不是有人发现了这类隔离现象？从庄周的逍遥游的实际到陶渊明式的隐居，再到刘禹锡、韩愈、苏东坡各种典型的放逐现象，从自我放逐的主题来看，古代人已经描写到了这种隔离具有的一种保护作用。那么接下来我们就需要

①《明史·本纪第一》。

找到并梳理相关的文献文本，从这些文献的文本解读中理解古人对隔离究竟持一种怎样的态度，他们怀着怎样的初衷来面对自我隔离的神迹。

从上古开始，中国社会的发展进入了文明的第一个门槛，即农耕社会向四周扩展——深入"蛮夷"所在的地域。文明对于野蛮的优势，并不在于生活方式，而在于支配体系，即文明社会有着更为复杂的支配、管控、监视结构。这种结构能够促成整个国家向着精神层面的纵深处进化。一般来讲，国家机器和制度安排构成了文明社会的重要标志，这些政治装置被用于广泛的社会治理，不论是宏观还是微观的维度，古代中国的制度设计（宗法制、封建制、世袭制）已经成为管控一个大规模社会——人口众多、地域辽阔之处的重要架构。儒家学说的诞生实际上是总结了而不是开创了一种有效的治理经验：森严的等级制度早于儒家经典的出现，所以社会等级的相对固化为儒家的学说提供了现实的政治蓝本。儒家的信徒们在战国时代无法将这类等级化的隔离技术运用于大规模的兼并战争。这场"国际"战争需要更为简洁明了的统治技术，这个任务就落到了法家身上。

显然，道家在这种乱世的时局中，他们也无法找到一种将自我隔离于世界的有效途径，他们选择的是逃离而非改造。因此，相对于儒家和法家而言，道家思想从最初的破坏性因素慢慢转化为一种补充性因素。尤其是对法家，道家的出世主义将会动摇国家的统治基础，但法家鼓励耕战的统治理念不允许人们质疑国家治理的基本模式。而儒家却从另外一个角度来强化自我隔离的主题。儒家将谦让作为一种美德，其本质就是对个人身心的绝对束缚，通过这种自我约束来实现人际关系的和谐化，最重要的是对等级秩序的屈从，并把这种屈从转化为个人的内在信念。为何在儒家这里自我约束的教义远比道家和法家来得更有效果？这才是古代社会选择儒家作为统治教条的根源之一。这是因为道家思想更加重视对于世界的"离弃"——这种离弃不是一般意义上的放弃，相反它希望有一种小国寡民的政治选择能够被人接受，或者以一种出世而非"弃世"的生存态度。然而，在当时的政治环境下（春秋无义战），各国君主不可能认同这种看上去放弃政治或社会责任的道德伦理。儒家教条的伦理化追求只有在社会稳定的条件下才能发挥作用。它需要社会政治力量中心的最高统治者作为理念实践的传动轴，不断地将父权制与等级制作为社会整合基本要素传承下去。离开了大一统的君主，就无法使普通人相信儒家的自我约束机制具有现实的合理性。

子曰："多闻阙疑，慎言其余，则寡尤；多见阙殆，慎行其余，则寡悔。言寡尤，行寡悔，禄在其中矣。"

哀公问曰："何为则民服？"孔子对曰："举直错诸枉，则民服；举枉错诸直，则民不服。"

季康子问："使民敬、忠以劝，如之何？"子曰："临之以庄，则敬；孝慈，则忠；举善而教不能，则劝。"

或谓孔子曰："子奚不为政？"子曰："《书》云：'孝乎惟孝，友于兄弟，施于有政。'是亦为政，奚其为为政？"

子曰："人而无信，不知其可也。大车无輗，小车无軏，其何以行之哉？"

子张问："十世可知也？"子曰："殷因于夏礼，所损益，可知也；周因于殷礼，所损益，可知也。其或继周者，虽百世，可知也。"

子曰："非其鬼而祭之，谄也；见义不为，无勇也。"

《论语·为政》

在这里孔子给出了君主与食禄者之间的对应关系，即食君之禄的等价交换方式；另外一个则是治理技术对于公平正义的基本要求。但是这两者之间实际上性质是相同的，都是一种自上而下的隔离机制被自我约束所肯定。君臣之隔与官民之分都在同一个维度内要求每一个人都遵从内在的约束要求。所以，儒家反而比道家（出世）和法家（通过制度给人以外部强制约束）更具有道德上的自觉性。隔离不再是通过法制、军队、围墙构建的监控机制，而是发自内心的道德机制。

然而，这种道德机制有一个巨大的致命弱点，就是它所要求的人即使不是一般意义上的圣贤也必须有着强烈的道德光环。但是一旦走入幽深的宫闱，所有的道德可能都被兑换成残酷的政治斗争。笼罩在君父头上的神圣性光环难以持久，不论是民众还是朝臣都知道，这些帝王君主无非是些肉体凡胎而已，并无神性可言。所以"望之不似人君，就之而不见所畏焉"，不是孟子一时之感，而是整个文明早熟之后对于人本身的认知已经完全实现了祛魅。只不过，需要等到更加普通的百姓喊出"王侯将相宁有种乎"的口号来而已。在这种祛魅的状态下，建构一个符合儒家标准的道德模范殊非易事，于是，在一个文盲率超高的社会中，开始大肆造神——各种不像人类的君主可以借由历史书写的可操作性来实现"脱胎换骨"。神迹与畸形大行其道不是为了告诉人们这群"怪物"有多传奇，而是要告诉全天下的人，这类"怪物"之所以能统一天下或主宰一方是有先天合法性的。——不错，政治合法性来自神迹而不是人们的支持，如果在创业之初就能得到普遍的支持，也不需要编造这么无厘头的谎言了。

三、隔离与权利合法性起源：谶纬与祥瑞

统治者既然肩负天命之所托，必须是一个完人。他作为意识形态的实体化象征，必须不断制造合法性证明。所以政治上的形式主义的意义就非常重大：通过不断吸引社会注意力，博得民意认可的方法，不仅需要社会治理的优良、对外战争的胜利，更要有超自然的证据。祥瑞和谶纬技术便成了一门政治工程，即古典时代的舆论控制技术。

　　显然，二十四史的作者们并不是什么巫师或神棍，也不像编写《盎格鲁–撒克逊编年史》和《法兰克人史》的欧洲同行。他们不论怎么故意刻画某些统治者天赋异禀、异于常人之处，也必须回归到国家治理的政治理性上来。只不过权利发生的起点是抽象的"天"或"天命"，而具体化为民众的"同意"——天听自我民听（上天听到的来自百姓所听到的。在古罗马则是vox populi）。但是从隔离的角度讲，受命于天的君主充当了不可知的天与可知的民之间的中介者。君主将民与天隔离开来，目的是为了保持统治的神秘性——合法性的另一个实现技巧。政治不仅是行政技术的综合，更是统治艺术的活用。

　　史书中关于各种谶纬之说的记录层出不穷，史家和当世的人们都希望从现实中找到合法性或非法性的蛛丝马迹。

　　因使韩终、侯公、石生求仙人不死之药。始皇巡北边，从上郡入。燕人卢生使入海还，以鬼神事，因奏录图书，曰"亡秦者胡也"。始皇乃使将军蒙恬发兵三十万人北击胡，略取河南地。

　　三十六年，荧惑守心。有坠星下东郡，至地为石，黔首或刻其石曰"始皇帝死而地分"。始皇闻之，遣御史逐问，莫服，尽取石旁居人诛之，因燔销其石。始皇不乐，使博士为仙真人诗，及行所游天下，传令乐人歌弦之。秋，使者从关东夜过华阴平舒道，有人持璧遮使者曰："为吾遗滈池君。"因言曰："今年祖龙死。"使者问其故，因忽不见，置其璧去。使者奉璧具以闻。始皇默然良久，曰："山鬼固不过知一岁事也。"退言曰："祖龙者，人之先也。"使御府视璧，乃二十八年行渡江所沉璧也。于是始皇卜之，卦得游徙吉。

《史记·秦始皇本纪》

　　秦始皇糟糕的经历是为了给秦朝的合法性蒙上一层"天意"的阴影，以方便历史记录者解释秦朝骤兴急亡的必然性。历代的谶纬之术无不是一群"政治半仙"鼓噪起的，直接指向整个帝国权力中心的政治话语。这种看似毫无根据的政治谣言往往起到蛊惑人心的作用，并成为权力中心重新洗牌的重要舆论工具。这是由于国家实现相对稳定后，统治阶层的相对固化，很难通过其他方式予以"松动"——政治野心家们需要借助流言蜚语来铲除对手或改变权力配置的格局。

　　在近代科学革命发生之前，负责生产或世代掌握特定知识或信息的群体介入到人与认知对象的关系中，作为一种中介而存在。他们就分隔了认识主体和认识对象，这类人今天被称作知识分子、老师或科学家，在过去他们被当作占星术士、占卜者、算命先生、祭司、儒生，当然还有阴阳家，这个巫术群体在中国也有所表现。比如《史记》中的《日者列传》和《龟策列传》。《日者列传》是占星术士的记录，而"龟策"是指占卜者用龟甲和蓍草进行占卜。所以说中国和西方一样，或者说很多原始的民族都有着自己的巫术群体。在二十四史里面相关的记录可能一直持续到宋代。他们是政府决策或者是君主个人的一种认知需要。这个阶层出现以后，它在中国只是为数众多的三教九流中的一个流派。中国文明被认为是一种早熟的文明，早熟的体现就在于理性化，用马克思·韦伯的术语来讲就是"祛魅"——祛除了魔法、魔幻、魔术，形成一个近代的理性的人，进而形成了一个理性的社会。而在上古时期这种状况表现为知识在整个国家中占有一个很重要的地位。掌握知识的人负责预测国家的前途、战争的结果、君主的命运，所以他们的地位非常重要。但是在中国他们只是作为三教九流的一个流派，并且这个流派显然被法家和儒家排挤到了一个很次要的地位，后来完全边缘化了。作为认知主体和客体的中介，他们的地位被慢慢地削弱，所以在汉元帝本纪中汉宣帝对作为太子的汉元帝说："乱我汉家者，太子也。"他是依法家的"法治"精神来批评汉元帝的儒家意识形态的。至少这句话告知，在汉元帝之前，汉代治国有着非儒家的政治传统。所以，这里面并没有占星的、算命的什么事儿。那么这个巫祝群体是怎样被挤兑到一个很边缘化的位置的呢？这在古希腊是不可想象的。

到禹为止，这种统治合法性的传承是通过禅让的手段实现的。但是禹的儿子启显然破坏了这一传统。通过父子相承制造家天下的事实。因此，自黄帝击败蚩尤这场决定华夏文明的第一战之后，启发动了对"不服"的有扈氏的征讨，并将其击败，这场夏朝开国第一战，宣告了中央处理与地方之间的社会内部关系的一种新的解决方式。而商汤则继承了这一地方反叛传统，并取得了成功，以后的中国历史，就一直保持着四种政权更迭模式——宫廷政变、农民起义、地方反叛和外族入侵。那么与之对应的必然有四种主要的隔离技术——封建制、官僚制、宦官制、朝贡制。统治家族通过血缘关系支配社会，这种隔离技术的要害在于血缘除非联姻否则无法转换，即统治集团上层与社会完全隔离。

官僚制则通过人才的选用区分作为统治助手的士与平民。宦官制则隔绝了前朝与后宫，由一群失去生殖能力的人作为皇帝的助手管理后宫事务，在秦朝以后日益变成与朝廷官员相对立的管理集团。一直到明朝发展出了一套后宫管理系统——十三监。这两个相互分割的体系，在政治上互相制约，而确保皇权的稳固——这正是将管理人员相互隔离的好处。

而最后一种朝贡制度，则指向了现代民族国家建构的命题，现代民族国家仍然是隔离技术发展的重要表现之一。民族之间的差异被夸大到骇人听闻的地步，并上升为种族主义理论，最后变成了近代以来最大的一场人类灾难——第二次世界大战。

隔离之所以重要，就在于它可以制造神秘感。一种君临天下的生物或神祇必然与各种凡胎肉体相区别。由这种神秘特质创造出的合法性是与超自然信仰联系在一起的。它是原始图腾崇拜的延续，也是现实政治统治的技巧。所以专制主义必然是自我封闭的：万里长城之内有京城，京城之内有皇城，皇城之内还有宫城。一圈又一圈的城墙从物理上隔离了统治者与民众，在心理上制造了强大的利维坦幻影。以此来对照世界近代以来的破除隔离的行动，不难发现大众社会的降临其目标之一就在于解除整个社会的物理阻隔与心理障碍。欧洲由此开始领先于世界其他国家和地区。大航海时代开启的也正是打破全球地理封闭状态的历史时期。宗教改革打破了信众与上帝之间的隔离墙——罗马教会；启蒙运动突破了君主与民众的隔离墙——等级制。这种解除隔离的运动，最终实现了理性基础上人与自身之外整个世界的直接联系，但是，近代社会诞生以来，这种联系迅速被另一种中介隔离开来——专业技术。

第二章　古典时期的隔离机制

一、逆向整合

　　然而，整合社会的手段只有孟子所谓的"仁政"吗？"人和"作为社会共同体的理想状态不是不现实的，但是在实现对外征服时，能否快速实现目标？对孟子而言"仁政"本身同时包含了国家治理的目标和手段。而爱民、养民实现社会整合就是一种治理技术的实践过程。与孟子完全相反，商鞅作为政治活动家设计了一整套隔离机制，他通过隔离达到了整合社会的目的。而这一整套权力机制的由来是被作为一种历史的必然："古者未有君臣、上下之时，民乱而不治。是以圣人列贵贱，制爵位，立名号，以别君臣上下之义。地广，民众，万物多，故分五官而守之。民众而奸邪生；故立法制、为度量以禁之。是故有君臣之义、五官之分、法制之禁，不可不慎也。"①

---

　　① 《商君书·君臣》。

战国时期的隔离机制在商鞅变法中达到了空前的高度。隔离的第一个作用在于实现社会分工的专业化，区分社会各个职业阶层，并对之进行定性：根据性质不同，围绕强化兵农的二元结构这一中心任务，秦国被改造成了一部精密、高效的战争机器，以至于秦国成了七国之中的最强国。

社会职业的功能区分的标准，在于是否对国家有用。这里就涉及一个深层次的目标分析，即国家存在的意义是什么？显然，商鞅的国家不过是实现君主目的的政治工具，那么国家的功能在于整合社会、挖掘被统治者的潜能，以实现君主的宏图大业。所以社会分工就是一部国家机器中各个零部件之间的协作。如果忽视了孟子（儒家）和商鞅（法家）之间在国家功能定位上的差别，就很难说明两种治理技术的本质差异。儒家指向了全人类的大同理想——至少在这一类学说发展的初期如此，所以仁政既是目的又是手段；法家指向了统治者的个人抱负，整个社会不过是实现君主个人目的的垫脚石。而君主不可能依靠一己之力控制整个社会，他必须采用一种技术把人分而治之，这就是隔离技术的奥义所在。所以统治者采用强制措施和行政手段将人与人之间分隔开来，这与社会经济生活中的分工的本质区别就在于，前者是统治的需要，后者是社会发展的需要。"日出而作，日落而息"的社会生产生活常态，自然会凸显出"帝力于我何有哉"的疑问——政府到底是做什么的？

政府首先要做的就是把全社会分而治之。

1.同样是人类，要分成：华夏、蛮夷；本朝，番邦。

2.同一血统分成嫡出、庶出。

3.同是皇族分成宗室、外戚。

4.同一个社会要进行阶层隔离：贵族、官僚、庶民。

5.同一个阶层内部，要有以下区分：

爵位（贵族）：公侯伯子男；

职级（有司）：卿、大夫、士；

职业（庶民）：士农工商。

当然，在现代国家里也有，如政府公务员划分为办事员、科级、处级、厅级、省部级、国级；专技人员则有助教、讲师（助理研究员）、副教授（副研究员）、教授（研究员）。另外，职级之内还有岗级（与工资待遇挂钩）。

无处不在的等级制，就是通过各类人的隔离，以满足治理社会的需要。这并非是因为人类喜欢三六九等，即使有着各种千奇百怪的社会歧视风俗，但社会内部、阶层内部乃至职业内部的等级隔离都源于社会规模（包括人口与领土）变得过大，社会治理难度增加。如果局限于希腊城邦的人口规模，即使社会分层存在，也不会产生像中国周朝这种细密的划分方法。

政府诞生以后，必须解决的一个问题，即不论最高统治者是不是个屠夫、智障或变态都必须面对的问题，就是全社会的吃饭问题。而回过头来看，中国传统社会隔离机制的作用在于，让统治阶层尽可能多吃，而民众不至于饿死。但是在那个没有农药、化肥、杂交水稻、激素鸡和饲料猪的时代，即使在和平时期，粮食增长也经常难以满足人口增长导致的缺口。所以一旦发生天灾人祸，像梁惠王把民众从河东移到河西，有时是从河西移到河东的，移来移去都无法解决粮食产量瓶颈这一根本问题。尽管梁惠王费尽心力，却还是被孟子数落了一番："五十步笑百步。"从孟子的农村建设方案中，我们看到，仁政包含的措施有很多，但核心标准只有一条（接下来的两千年中，每一个统一王朝都以此为标准）：黎民不饥不寒①。所以唐代开元盛世之所以被称为盛世无非是因为"公私仓廪俱丰实"（杜甫《忆昔》）。换句话说，并非儒家的仁政标准低，也不是统治者真的看不见民间疾苦，只是他们除了自己吃饱和运用行政手段——官仓赈济和免除赋税之外，也确实没有保证粮食生产稳定的手段。消灭饥荒是近代社会出现以后才发生的事，并不是自然经济时代的技术成就。

在先秦法家那里，关于权利的发生又是另一番景象。《史记·商君列传》中，记载了一场决定中国命运的改革大辩论。在整个辩论的最开始，商鞅并非阐述变法的好处，而是先将自己塑造成了一个不同于普通人的形象。也许在商鞅看来，变法的担纲者必须与其他人不同，这种不同正是决定变法成败的第一步。那么作为改革的总设计师，需要哪些人格特质呢？"有高人之行者，固见非于世；有独知之虑者，必

①出自《孟子·梁惠王》。

见敖于民。愚者暗于成事，知者见于未萌。""论至德者不
和于俗，成大功者不谋于众。是以圣人苟可以强国，不法其
故；苟可以利民，不循其礼。"这种人格特质与民众之间形
成了一条巨大的鸿沟，鸿沟的一边是特立独行的改革者，鸿
沟的另一边是普通人。并且这种普通民众呈现出如下状态：
"民不可与虑始而可与乐成。"我们注意到商鞅的论辩技巧：
先确定了一个改革人格的绝对形象，由此可以彰显改革的力
度，必然从这一形象向外扩展、延伸。而相比之下，甘龙和
杜挚的辩论内容按照儒家逻辑出牌，首先强调圣人不用改革
也能治理好民众；其次则是变法必须有巨大的利益回馈才值
得尝试。这场辩论的结果早已由会议主持人秦孝公的两个
"善"——都是送给商鞅的——决定了。

　　如果说变法就是改变游戏规则，那么可以从其中抽出两
条规则线，即权力线。一条是"惩罚线"，过线必被处罚；
另一条是"奖励线"，达标可得奖赏。惩罚线区分了有罪和
无罪，奖励线区分了有功和无功。而且文中特别提到了：
"宗室非有军功论，不得为属籍。明尊卑爵秩等级，各以差
次名田宅，臣妾衣服以家次。"这一通过等级制隔离社会阶
层的技术，在统治集团内部确立了宗室（血缘）与军功（能
力）之间的关联模式，从而突出了个人能力的重要性。若宗
室之人没有军功，则会被排除在宗室谱籍之外。正是通过这
两条线，秦孝公和商鞅牵引着秦国这辆战车开始了大一统帝
国的伟大征途。

法家的优点就是坦然面对人性的真实一面——趋利避害。所以在国家治理技术上必须以法律为基础。法的出现也正是基于人性的本来面目：不可能人人为盗跖，也不可能人人是孔丘。而儒家的道德观则最大限度弥补了法家治理技术的不足，他们发现并肯定了"人性中的善良天使"。而且不论个人境遇如何，在基本的道德层面上都有一种绝对坚守的底线。

但是，我们不能不指出法家被拒斥的一个原因，在于从法治层面对君主的约束："明王之治天下也，缘法而治，按功而赏。……今世君不然，释法而以知，背功而以誉。故军士不战，而农民流徙。臣闻：道民之门，在上所先。故民，可令农战，可令游宦，可令学问，在上所与。上以功劳与，则民战；上以《诗》《书》与，则民学问，民之于利也，若水于下也，四旁无择也。民徒可以得利而为之者，上与之也。瞋目扼腕而语勇者得，垂衣裳而谈说者得，迟日旷久积劳私门者得——尊向三者，无功而皆可以得，民去农战而为之，或谈议而索之，或事便辟而请之，或以勇争之。故农战之民日寡，而游食者愈众，则国乱而地削，兵弱而主卑。此其所以然者，释法制而任名誉也。故明主慎法制。言不中法者，不听也；行不中法者，不高也；事不中法者，不为也。言中法，则辩之；行中法，则高之；事中法，则为之。故国治而地广，兵强而主尊，此治之至也。人君者不可不察也。"①

---

① 《商君书·君臣》。

换言之，法家以法治国，必然包含了统治者本人也必须守法的逻辑。这一逻辑线索当然为历代君主所知。法家维护专制主义中央集权不假，但同时对君主本身也有着极强的法律约束要求，这成为历朝强调"忠孝仁义"而非"法治"的重要原因之一。

二、长城与海禁

隔离技术通过大一统国家的建立，达到了整合民族共同体的高度，最后，社会内部的隔离机制开始向外部推进，达到统治范围的边界上，长城诞生了。长城只不过是物理隔离的表现而已，它作为军事防御工事，制造了敌—我二元结构，反映了权利有着天然的极限。但是在地理空间上实现华夷隔离的机制产生得更早，并成为华夷之辨的第一个理论源头——"五服"理论。"令天子之国以外五百里甸服：百里赋纳裹（yì），二百里纳铚，三百里纳秸服，四百里粟，五百里米。甸服外五百里侯服：百里采，二百里任国，三百里诸侯。侯服外五百里绥服：三百里揆文教，二百里奋武卫。绥服外五百里要服：三百里夷，二百里蔡。要服外五百里荒服：三百里蛮，二百里流。"[1]作为国土地理整治工作的结果，五服理论又从政治上规划了一个同心圆统治体系，由内

①《史记·夏本纪》。

而外分别是：天子之国—甸服—侯服—绥服—要服—荒服。

在这种物理隔离技术出现的同时，心理防御机制也毫不逊色："非我族类，其心必异。"[1]这种今天看来可以列入种族主义的论调，曾经是整个文明世界的共识："管仲相桓公霸诸侯，一匡天下，民至于今受其赐。微管仲，吾其被发左衽矣。"[2]华夷之辨从心理上制造了文明与野蛮的主观隔离，这种隔离的荒谬性不在于对方在文化上与华夏族的差异，而是对方的不可征服性——这也是为何汉族政权的长城会从战国时代一直连续不断地修到明代——作为人类历史上的人工奇迹，其背后却暴露出了农耕民族在军事上的缺陷，即对东亚到中亚的草原民族无力管控，只能通过跨越时间长河的军事防御工程将之隔离在外。

但是，即使是如此大规模的、系统性的军事防御工程也无法做到完全隔离农耕民族与游牧民族，而北方草原游牧集团对中原的威胁成为一种强大的政治压力。汉武帝时期对匈奴的多次征讨，就是利用军事手段主动出击，以改变秦末以来被动挨打的局面。而张骞出使西域，则是这一军事战略——联合月氏夹击匈奴的副产品。但却使中原文明看到了第二种与自身不同的社会形态——沙漠绿洲社会。随后，通过班超等人持续不断地经营，中原政权取得了对这一地区的

---

[1]《左传·成公四年》。

[2]《论语·宪问》。

支配权。虽然这种支配由于中原政权势力的伸缩而时断时续，但是总体上一直延续到了中古时代的隋唐两朝。然而，这里出现的一个新的问题就是，中原地区的西部边界一直稳定在甘陇一带，游牧民族对中原的渗透一直持续到西晋时期，并日益成为边疆地区社会冲突的根源——这一现象早在东汉中后期即已发生。而实际上，中原政权对边疆社会治理体系的瓦解，不断加剧了边疆区域性冲突向统治中心区蔓延的趋势。

江统的"徙戎论"成为针对这一潜在危害局势提出的代表性方案，而这一方案的中心思想仍然是重建华夷隔离机制。①事后的历史证明，西晋政权重创于八王之乱，而覆亡于边疆混居民族的内侵。与此同时，晋室南迁即借助长江这种自然障碍来阻隔北方民族，从而进行自我保存的这一过程，推动了一个文化意义上的"南方中国"开始进入中国历史——江南文明的诞生既是文化中心由于民族隔离机制失效，在地理上转移的结果，又是隔离机制依然存在的证明——长江就是自然界为汉族政权提供的水制长城。并且，与之配套的则是心理上的自我安慰——衣冠南渡。

隔离为华夏文明提供了一种看似神圣的外衣，它向周边的"蛮夷"展示关于文明秩序的权利体系，但是，最后却被武力打败。然而，这个南渡的文明并没有吸取任何关于隔离

---

① 《晋书·列传第二十六》。

的教训，不论华夷之间如何相处，如果不能实现社会的长治久安——即内部的稳定，那么北方漫长的边境线随时都有被突破的危险。在此，文明并不成为权利体系的基础，它只是一种精致的精神象征。外来民族的入侵不过是要获取这一象征之下的一切：土地、财富、人口。所以权利体系的建构与族群没有任何关系，它更不是什么文明的专利。

三、思想隔离技术

精神隔离机制的实施，离不开思想隔离技术的发展，从秦始皇焚书坑儒到乾隆时期大规模的文字狱，古典时期的中国社会在饱受专制主义毒害的大背景下，还不断地遭受各种突发的思想干预危机。这种危机从表面上看，似乎只取决于君主个人的一念之间。因为在其他朝代，这种思想干预政策表现没有那么明显。

始皇置酒咸阳宫，博士七十人前为寿。……博士齐人淳于越进曰："臣闻殷周之王千余岁，封子弟功臣，自为枝辅。今陛下有海内，而子弟为匹夫，卒有田常、六卿之臣，无辅拂，何以相救哉？事不师古而能长久者，非所闻也。今青臣又面谀以重陛下之过，非忠臣。"始皇下其议。丞相李斯曰："五帝不相复，三代不相袭，各以治，非其相反，时变异也。今陛下创大业，建万世之功，固非愚儒所知。且越言乃三代之事，何足法也？异时诸侯并争，厚招游学。今天下已定，法令出一，百姓当家则力农工，士则学习法令辟禁。今诸生不师今而学古，以非当世，惑乱黔首。丞相臣斯昧死言：古者天下散乱，莫之能一，是以诸侯并作，语皆道古以害今，饰虚言以乱实，人善其所私学，以非上之所建立。今皇帝并有天下，别黑白而定一尊。私学而相与非法教，人闻令下，则各以其学议之，入则心非，出则巷议，夸主以为名，异取以为高，率群下以造谤。如此弗禁，则主势降乎上，党与成乎下。禁之便。臣请史官非秦记皆烧之。非博士官所职，天下敢有藏诗、书、百家语者，悉诣守、尉杂烧之。有敢偶语诗书者弃市。以古非今者族。吏见知不举者与同罪。令下三十日不烧，黥为城旦。所不去者，医药卜筮种树之书。若欲有学法令，以吏为师。"制曰："可。"

《史记·秦始皇本纪》

　　焚书事件是一种象征，即大一统王权开始由外部的政治形式主义指向个人内部的精神世界。大一统使得一个单一政权成为东亚大陆的绝对力量，另一方面实现了华夷隔离。但是焚书却意味着一套关于古典意识形态的思想隔离技术的产生。思想领域中的百家争鸣局面消失了，伴随着焚书之火，中国古典时代的第一个思想高峰以一种统一思想的方式进入历史的低谷。这本身并不能说明大一统的坏处。只不过，思想隔离必然会导致社会创新精神的极度削弱。外部的侵袭尚不能对大一统国家构成实质上的威胁，而真正的威胁来自内部。

秦始皇酷爱出游，巡幸天下是宣示权威的重要方式，如胡亥所言："先帝巡行郡县，以示强，威服海内。今晏然不巡行，即见弱，毋以臣畜天下。"①而卢生建议始皇深居简出。但是紧接着，卢生等方士说了一大堆秦始皇的坏话后逃亡，始皇帝盛怒之下，坑杀了包括但不限于儒生等400余人。这种自我隔离的求仙制药行为结束了，始皇帝又开始了他一生中最后一次巡幸。社会内部的威胁并没有因为焚书坑儒和始皇帝的巡幸而消除。但是统一造就的大一统帝国时时刻刻告诫所有的社会成员，这个国度只有一个唯一的权威，也就是唯一的权利和权力来源——皇帝。个人的权利依赖皇权的恩赐，而皇权扮演着上天（权利合法性的最高来源）与庶民之间中介的角色——天子。因此，在中国传统中，上天—皇权—庶民构成了一个封闭的等级制权利秩序。这套秩序的基础不是皇帝手中的禁卫军，而是思想的全面隔离。

到了汉武帝时代，这一套思想隔离技术有了更加清晰的表述："罢黜百家，独尊儒术。"用早已经改头换面的儒家教条来实现"惨刻寡恩"的法家教义无法实现的目标。维系人心的前提就是维系人性，儒家教条中充满人性的种种学说，可以时时刻刻充当个体权利的参照系：君为臣纲，父为

---

① 《史记·秦始皇本纪》。

子纲，夫为妻纲。再加上"仁、义、礼、智、信"，所构成的"三纲五常"体系，成为每个社会成员的权利坐标。如此一来，法治理念可以简化为更加难以破解的道德伦理，法制的道德化成了传统意识形态的经典标识。这是后世思想家难以突破的精神围城。一旦越过这一围城，外部的世界被"蛮夷"化——难以有效解释社会的长期变化。个人权利的丧失并不是被法律剥夺了，而是被固定的伦理束缚了。这种逆向治理技术可以看作是古典时代中国社会的一种伟大发明。用道德束缚人心比用法律规范行为要容易得多。

　　传统政府节约了大量的司法成本，运用于行政管理领域，或者说司法活动是行政管理的一部分。法权屈从于人治的道德理念，那么个人权利既有却无。笼统地说，就是权利源自法律，不论这部法律有多么主观臆断，却无法脱胎于道德，因为众善不能并存——个人权利与社会权利只能互相妥协——客观性和程序正义都扭曲为随机性和人情世故。

第三章　自我隔离：逍遥游的世界

一、权利与自由

　　如果说构建君民一家亲的宗法仁政社会，是儒家的民本主义权利诉求；为君主提供强制隔离技术，量身定做社会隔离机制是法家制造权利的标配，那么宣布相对于社会的自我隔离，放弃社会权利，实现对自我的权利支配，则是道家的抉择。逍遥游的自我隔离被视为至乐之境。"庄子钓于濮水。楚王使大夫二人往先焉，曰：'愿以境内累矣！'庄子持竿不顾，曰：'吾闻楚有神龟，死已三千岁矣。王巾笥而藏之庙堂之上。此龟者，宁其死为留骨而贵乎？宁其生而曳尾于涂中乎？'二大夫曰：'宁生而曳尾涂中。'庄子曰：'往矣！吾将曳尾于涂中。'"①庄周的选择即使在古典时代后

---

① 《庄子·外篇·秋水》。

期依然成为许多人艳羡的对象。他标明了一种关于现实权利的态度，将个人的自由放置在精神世界中的最高位置，防止外部的干扰。不过，最为重要的是将整个客观世界主观化，唯有如此，才能对于自身的隔离给予一个统一的解释：逍遥游为个人权利的去社会化提供了许多值得考量的因素，它需要反复告诫人们关于现实世界的有限性，所以才要不断地追求精神世界的无限性——自由来自精神而非肉体，肉体自由必须以精神自由为前提。这种权利不是一种基于自然法则的选项，而是完全由内心做出选择的东西。

因此，庄周开启了认知和把握生命内在自由的思想史纪元。没有人能够在贪恋尘世之后，还想独占精神世界的所有好处。那么要达到这一境界，必然是选择肉身的与社会的彻底隔离，并且实现与自然的同一。这又分成三个层次：

首先是物我化一。"昔者庄周梦为蝴蝶，栩栩然蝴蝶也。自喻适志与！不知周也。俄然觉，则蘧蘧然周也。不知周之梦为蝴蝶与？蝴蝶之梦为周与？周与蝴蝶则必有分矣。此之谓物化。"[1]庄子的"物化"将人的主体性用自然界的另一种生命体（蝴蝶）消解掉，他不需要借助于人的种属特征，换言之，就是不需要"有生之最灵者也"的特权。这种种属特性的物化最后被同一成自然界的被造物，甚至自然界本身。那么个体权利的创生便无从谈起。所以，物化作为庄

---

① 《庄子·内篇·齐物论》。

周与自然同一的第一步，他主张的是一种"无人"的反隔离机制：否定人类社会与自然界的二元论。那么，物化就不再是一种文明的退化，反而是一种生命的进步，在破除了隔离的不良影响后，人又回归了自然界本体。社会等级制度的荒谬性和人类社会生产的无用性就暴露出来，儒家所倡导的各种伦理观在这一背景下显得荒唐不堪，人与人之间的区别被人与物的化一（平等主义）替换掉，这正是庄周的高明之处。

其次是生死如一。"庄子妻死，惠子吊之，庄子则方箕踞鼓盆而歌。惠子曰：'与人居，长子、老、身死，不哭亦足矣，又鼓盆而歌，不亦甚乎！'庄子曰：'不然。是其始死也，我独何能无概！然察其始而本无生；非徒无生也，而本无形；非徒无形也，而本无气。杂乎芒芴之间，变而有气，气变而有形，形变而有生。今又变而之死。是相与为春秋冬夏四时行也。人且偃然寝于巨室，而我嗷嗷然随而哭之，自以为不通乎命，故止也。'""庄子之楚，见空髑髅，髐然有形。撽以马捶，因而问之，曰：'夫子贪生失理而为此乎？将子有亡国之事、斧钺之诛而为此乎？将子有不善之行，愧遗父母妻子之丑而为此乎？将子有冻馁之患而为此乎？将子之春秋故及此乎？'于是语卒，援髑髅，枕而卧。夜半，髑髅见梦曰：'子之谈者似辩士，诸子所言，皆生人之累也，死则无此矣。子欲闻死之说乎？'庄子曰：'然。'髑髅曰：'死，无君于上，无臣于下，亦无四时之事，从然以天地为春秋，虽南面王乐，不能过也。'庄子不信，曰：

'吾使司命复生子形，为子骨肉肌肤，反子父母、妻子、闾里、知识，子欲之乎？'髑髅深矉蹙额曰：'吾安能弃南面王乐而复为人间之劳乎！'"①庄周的生死观在那个时代可谓惊世骇俗，这种拒绝"生人之累"的态度，后世只有佛家才能与之相比。所以从古典文化中脱胎出来的庄周哲学，从根本上否定了社会隔离的必要性，各种君臣父子大义不过是为社会不平等的辩护，社会等级制希望人们去追求名缰利锁，并冠以"权利"之名，而最大的权利莫过于"生存权"，财产权也不过是为了保障人类的生存而被强制设定的一种基本权利。然而，一旦生死如一，那么生存权就失去了其合理性与现实基础。这就成了生命哲学的开端——生存或存在的意义何在？当这一问题被提出时，关于社会权利的各种理论（主要指肯定并承认生存权利和财产权利的政治哲学）就很难维持其原本的意义模式：生存是有意义或有价值的，这是为了创造意义和价值。换句话说，生存成为确定个体权利的基本前提，没有这一前提，关于权利的讨论必然成为抽象的形而上学。

最后是天人合一。"天地有大美而不言，四时有明法而不议，万物有成理而不说。圣人者，原天地之美而达万物之理。是故至人无为，大圣不作，观于天地之谓也。今彼神明至精，与彼百化。物已死生方圆，莫知其根也。扁然而万

---

① 《庄子·外篇·至乐》。

物，自古以固存。六合为巨，未离其内；秋豪为小，待之成体；天下莫不沈浮，终身不故；阴阳四时运行，各得其序；惛然若亡而存；油然不形而神；万物畜而不知：此之谓本根，可以观于天矣！"①天人合一的结果必然是对历史的取消，人类将拥有一个关于自然的发展过程，而不是具有批判意义和启发意义的历史。这种历史取消的后果是人类社会不再追问关于权利的自然起源，因为人与自然已经合二为一。那么，以社会活动为参照系形成的认知经验，就很难再成为人类生产与生活的指南。几千年来，人们都试图运用社会经验的累积成果来提炼出一套所谓的"规律"。至近代科学至上主义泛滥之后，人文社会学科更是具有了强烈的"客观意识"，然而，事实上很难界定社会科学的"科学性"。人作为自然的产物，不得不面对自然界"随机性"的残酷现实，换言之，将人与自然视为一体，反而更容易接受"不确定性"的状态。

二、隐居与谪迁

"然而，如果历史永远不会重蹈覆辙，肯定会有一种不变的、统一的机制或一系列历史的第一原因来引导历史朝着一个唯一的方向发展，并把早期的记忆一直保存到现在。不论是历史的周期性还是随意性的观点，都不排除社会变革的

① 《庄子·外篇·知北游》。

可能性并且社会发展具有一定的规律性，但它们并不意味着历史的原因只有一个起源，还应当包括一种历史断代的过程，也就是一个能使人们彻底忘记过去所取得的成就的过程。因为如果不存在完全忘记历史的可能性，则每一个成功的循环，即使非常短，也会积累以前所有各个循环的经验。"①福山所谓"经验"积累的意义为历史本身提供了意义，历史是经验积累的结果，并能够成为引导后世的指针。这种阶段性循环却总体上呈现线性的历史观仍然是基督教线性时间观缩影，只不过，他不讨论千禧末世而是历史终结，他不需要基督教的教条，他强调资本主义的自由。一旦个体走向最终觉醒，那么"最后的人"就不是尼采的"末人"而是回归自然界的"原人"——原初之人。

因此，终结历史的最好方法就是返璞归真，而不是走向法律限定下的自由。或者说庄周的"天人合一"才是彻底的自由，也是无所谓权利的权利。但是，历史并没有沿着庄周的设想发展，它走向我们所谓的"现实"："采菊东篱下，悠然见南山"的作者之所以选择隐居——自我隔离的主要手段，是因为"不愿为五斗米折腰""久在樊笼里，复得返自然"。

　　晋太元中，武陵人捕鱼为业。缘溪行，忘路之远近。忽

---

①弗朗西斯·福山：《历史的终结及最后之人》，黄胜强、许铭原译，中国社会科学出版社，2003，第82—83页。

逢桃花林，夹岸数百步，中无杂树，芳草鲜美，落英缤纷，渔人甚异之。复前行，欲穷其林。

林尽水源，便得一山，山有小口，仿佛若有光。便舍船，从口入。初极狭，才通人。复行数十步，豁然开朗。土地平旷，屋舍俨然，有良田美池桑竹之属。阡陌交通，鸡犬相闻。其中往来种作，男女衣着，悉如外人。黄发垂髫，并怡然自乐。

见渔人，乃大惊，问所从来。具答之。便要还家，设酒杀鸡作食。村中闻有此人，咸来问讯。自云先世避秦时乱，率妻子邑人来此绝境，不复出焉，遂与外人间隔。问今是何世，乃不知有汉，无论魏晋。此人一一为具言所闻，皆叹惋。余人各复延至其家，皆出酒食。停数日，辞去。此中人语云："不足为外人道也。"

既出，得其船，便扶向路，处处志之。及郡下，诣太守，说如此。太守即遣人随其往，寻向所志，遂迷，不复得路。

南阳刘子骥，高尚士也，闻之，欣然规往。未果，寻病终，后遂无问津者。

《桃花源记》

从来没有一篇文献对现实社会绝望到如此境界（可以比较一下，在陶渊明之前，"苟全性命于乱世，不求闻达于诸侯"的那位作者最后还是选择了闻达诸侯），陶渊明先是描绘了与现实社会彻底隔离的对立面"桃花源"人的隔离状态：

1.隔离原因："自云先世避秦时乱，率妻子邑人来此绝境，不复出焉，遂与外人间隔。"

2.空间隔离："林尽水源，便得一山，山有小口，仿佛若有光。便舍船，从口入。初极狭，才通人。复行数十步，豁然开朗。"

3.时间隔离："不知有汉，无论魏晋。"

4.心理隔离："不足为外人道也。"

然后，陶渊明在文末决绝地敬告读者：最初的发现者"不复得路"；其次，有个好奇心太重的"寻病终"；最后，这件事再也无人问津。

隐居是通过空间隔离达到社会隔离的目的。隐居还有两种不同的模式，一种是政治上的主动逃避机制，代表人物有伯夷、叔齐、许由、陶渊明、清初三大家（顾炎武、黄宗羲、王夫之）。一种是怀才不遇的自我放纵："不才明主弃，多病故人疏。"代表人物有孟浩然、徐文长、唐伯虎。而第二种类型，在明代王阳明心学广为扩散的时期，由一种被动的自我放弃，变成了主动的个人追求。①

这一系列的自我隔离行为使得古典时代的权利机制难以最大限度地发挥它的权威效能，很多时候只能在极其有限的范围内发挥作用。有研究指出，隐居本身的原因主要包括：

---

①岛田虔次：《中国近代思维的挫折》，甘万萍译，江苏人民出版社，2005。

士人的自由意志；垂钓（渔隐）和桃源传统；"天下无道"；"穷则独善其身"；朱子之学的影响；地缘文化传统及亲缘关系；等等。①这些原因无不指向了一种政治上的若即若离关系，即个体的自由意志与政治上的道德责任如果不能有机统一，那么宁可退居江湖之远，而不是忝列庙堂之上。转译成权利关系而言，就是通过放弃政治上的职责来实现个人的相对自由。但是，在大多数情况下，隐居者并非想真隐，只是现实无法让他们发挥个人的才能或体现自身价值。"隐居乃是仕途无望后不得已的平和。陆龟蒙虽说隐居松江，不问仕途，但儒学思想却也鞭策着他关注着社会民生。同时，选择做一个处士，在唐代或多或少会有着走'终南捷径'的意味。可见，所谓'真隐士'也有着不真实之处。"②更有许多"末世"隐士"他们的确很少因为世乱而主动选择归隐，其出处原则多带有功利性的色彩。他们对隐逸的理解，显然不像一般乱世文人那样，把进退出处看作是事关道德节义的重要选择；反而因为自身的现实需要借助隐逸的超验光环给自己的行为出处增添了一丝暧昧的色彩。一方面他们并不讳言自己的功名心，另一方面似乎

---

①张海鸥：《宋代隐士隐居原因初探》，《求索》，1999年第4期。

②陶庆梅：《隐逸：仕途憧憬的逆向缓冲——唐末诗人的隐居与诗歌创作》，《常德师范学院学报》（社会科学版），2002年第4期。

也感觉到这其中的表白太过赤裸，也需要一些具有超功利色彩的因素加以平衡、掩饰"①。

换句话说，纯粹的隐居是难以为这类隐士选择的，完全的自我隔离需要使自身从俗世上彻底销声匿迹。各种所谓的天下情怀和家国抱负除非全部归之于"四大皆空"，否则，功名心会时常提醒这些隐居者从隐匿的环境中逃离出去。隐的意义在于被发现而非真正的消失，这种内在的矛盾状态使隐士们很难接受由儒而佛的价值转换。

另一种需要探讨的隔离类型是谪迁。"庆历四年春，滕子京谪守巴陵郡。"古典时代的处罚机制之一就是谪迁，从中央贬谪到偏远蛮荒地带，作为对犯罪官员的惩戒。"一封朝奏九重天，夕贬潮阳路八千。"政治斗争失利导致的被放逐，如韩愈、柳宗元、李白、海瑞、苏东坡——这一隔离机制下的名人数不胜数。政治力场的力量变化，随时都会导致利益的再分配。这种将敌对政治势力的放逐，同时也是一种双向保护机制，一方面保护胜利者不再受到近距离干扰；另一方面，没有必要将失败者进行肉体消灭。这在宋朝表现得最为突出，从而在实际上也保护了谪迁者——苏东坡的被逐就是典型，乌台诗案本身就是一场文字狱式的闹剧。"谪迁本来只应用于惩处那些虽有过错但可继续任职的官员。谪迁

---

①陶庆梅：《隐逸：仕途憧憬的逆向缓冲——唐末诗人的隐居与诗歌创作》，《常德师范学院学报》（社会科学版），2002年第4期。

是为了惩过。过失有大小，谪降也就有重轻。但在实际政治纷争中，在封建'人治'体制下，不仅谪降的程度因人而异，而且谪迁的旨趣也发生变异。"①谪迁作为惩戒手段，在最直观的层面实现了惩罚对象远离政治中心，而在权利关系上，这是被谪迁者的边缘化。这就与隐居有着异曲同工之妙。谪迁是被动边缘化，而隐居则是带有主动性质的边缘化行为。权利关系网的同心圆结构使得权力中心的外围可能拓展到无限远的地方。只不过从心理机制上而言，这些边缘化的群体并不希望永远处于边缘化状态。权利关系在地理上的隔离并不意味着心理上的隔离。被贬永州时，柳宗元对于当地"捕蛇者"的悲惨境遇"闻而愈悲"，并感叹道："孔子曰：'苛政猛于虎也！'吾尝疑乎是，今以蒋氏观之，犹信。呜呼！孰知赋敛之毒有甚是蛇者乎！"他创作《捕蛇者说》的目的就是为了"以俟夫观人风者得焉"——通过反映舆情、民情继续参与到国家的治理活动中。

因此越到后世，隐居或谪迁越不再是与政治共同体权利关系的脱离，反而，更加强化某种潜意识中的权利认知。它不是一般意义上的对于某一阶段国家政治理念的认同，而是强调个体对于天下国家的道德责任。这种权利意识的集中性——向政治中心集中，使得隐居者和谪迁者主动地引导隐居地和谪迁地的政治归化，地理上的隔离不但没有造成谪迁

---

①陶建平：《明代仕宦谪迁简论》，《社会科学家》，1989年第1期。

者（谪迁者仍然是地方长官）的离心力，反而强化了一种向心力。这种奇怪的政治现象，类似于物理上的力学构造：天体系统的引力与斥力同时作用下，行星围绕着恒星旋转。谪迁者和隐居者都成了所在地域的规训者，他们带来了在政治权力中心形成的治理理念和社会理想，他们将这些理想在远离政治中心的边缘化区域——深山老林、边疆海岛付诸实践。由此促成了整个国家的权利体系的巩固。以至于一代文豪苏东坡到现在都被视为海南岛的文明开拓者。

第四章　近代以来的隔离技术

一、近代生物学与集中营

　　为何科技进步使人与人之间的交流越来越便利，交流手段越来越多样，人类反而感觉越来越孤独了？在马克思主义经典作家笔下，现代机器大工业把流水生产线上的工人异化成了无机物——机器生产附庸，而二战时期纳粹集中营则把人变成了牲口。这种历史性人性大倒退的根源究竟是什么？达尔文的《物种起源》掀起了人类对自身的认知革命。社会达尔文主义将之庸俗化为人口生物学。种族主义破天荒地获得了"科学依据"。纳粹党人制造了一个空前绝后的黑暗时代，除了历史记录中的亚述帝国，没有哪个人类社会，会心理变态到这种地步。

　　此外，基于理论上的探讨，第二次世界大战给很多自由主义者甚至给全人类有良知的那些思想家都敲响了警钟。因为整个世界可以变得如此可怕，人类可以变得如此残忍和沦落得如此悲惨。那么在经历了这一重大事变之后，不管是亲身见证了二战的人，还是事后反省批判二战之前各种军国主义、极端主义思想的思想家们，在思想史上形成了两类谱系：一个是反复探讨人何以成为极权主义奴役对象的谱系，可称之为"孤独"的谱系；另外一个谱系指出人类文明必然进步，虽然整个过程是无比曲折的，或者说预判人类社会必然有一个光明的未来——前提是只要我们自己保持理性，保持冷静。第一类思想谱系的代表性著作主要有弗洛姆《逃避自由》，卢卡奇《理性的毁灭》，汉娜·阿伦特《极权主义的起源》，哈耶克《通往奴役之路》，卡尔·波普尔《开放社会及其敌人》，还有米歇尔斯《寡头统治铁律》以及马尔库塞《单向度的人》，等等。这个谱系从1940年一直延伸到1980年。另外一个谱系就是理性的谱系。代表性著作主要有埃利亚斯《文明的进程》，斯蒂芬·平克《人性中的善良天使》和伊恩·莫里斯《战争：从海盗到机器人，文明的冲突和演变》，等等。这两个谱系趋向于相反的基调，他们对人类社会是否拥有作为整体的理性，以保证人类拥有一个和平、光明的未来的前景持几乎相反的看法。

极权主义之所以成功，至少有一个共同点：一方面是国家自上而下地宣扬了一种国家主义崇拜，人一出生就天然地属于某个民族，而这个民族又属于某个特定的国家。因此向国家效忠天经地义，国家也成了社会秩序的维持者、和平的守护者，以及公正的仲裁者，国家就是一种这样的形象。另外一方面，人作为个体来看是非常渺小、软弱和无力的，这也是人孤独的一个来源，正是因为人的软弱、渺小、无力，他才需要和其他人结成一个存在共同体。

一旦成为这种存在共同体的一员，那么就至少在心理层面承担了相应的义务。民族共同体、宗教共同体都有这种义务化的特征，它们作为整体不能够允许其他的集团来窃取自己的切身利益，而切身利益的来源不是别的，只是共同体成员本身。共同体成员作为个体，一方面成为想象力的信徒，另一方面在这种未来预期或愿景承诺的前景下，成为自身精神的奴隶——隔离于其他共同体之外。但是，在共同体之中个体至少觉得自己有了相同权利义务的同质化的成员的帮助支持，可与他人协作而创造更多更大的价值，或者实现个人的事业、理想。那么，作为一种整体性的新群体来讲，国家的意义就是这种生存共同体的外在表现或者是强化。当个人、社会、国家这组链条构建的意图形象出现的时候，我们看到了深刻的技术从中间隐藏到了背后，人实际上是被刻意地分隔了。但是因为通过与他人的结合形成了社会，社会又产生了国家，这种分隔仿佛在一瞬间消失了。那么，人屈从于政府的法律行政的命令，屈从于社会的需求、需要还有社会生活生产的规律要求，甚至他人的眼光、看法。如此，人就作为一个孤独的个体。他孤独的本质被保留了，因为任何一个个体都不会知道另外一个人的全部的生活真相，这就造成了人与人之间相互理解上的差异。这是一种最为天然的阻隔。这种天然的隔离被整个社会放大之后，个体感觉到自我很孤独，而极权主义或者政府对个体强大的干预控制正是利用了这种孤独。你不知道另外一个人在想什么，你就没办法和另外一个人进行彻底的全面的沟通。那么当第三个人出现的时候他就通过这种隔绝状态，作为一种中介控制两个孤立个体的权利关系。

社会权利关系、政治权利关系、家庭权利关系都是这样产生的。那么分隔技术就在此实现它退入幕后而实际上被强化了的这种策略，分隔策略成功了。在另外一方面，作为社会的整合来讲，分隔退居幕后而整合走到了台前，表现为文明被统一成了一种共同的信仰、共同的意识形态。对于权利关系的发生，历史上有着各种各样的解释。相关的文献非常之多。本研究的解释着重于从权力的主观现象入手，而形成三个相互联系的结构，第一个是隔离的几个特殊的表现形式，或者叫变种，就是脱离、逃离、分割、区分、划分等等；第二个结构是想象或者是虚构；第三个是认知。在古代，政治权利的产生是国家建立之后或者说一个政权建立之后必然要问的问题。因为缺乏一个关于权力产生的客观根源的解释，所以在古代对于权力的认识建立在神话基础上，即权力的来源乃至于神话传说中描述的神对人的授权，比如汉谟拉比法典、普罗米修斯盗取火种，等等，这些神话都展示了权力从神到人手中的转化过程。转化本身的重要意义在于，人以何种手段获取神的力量——从而为种族或文明共同体提供坚实的合法性来源。那么，这种权利的发生就源于一种虚构，这就是本书第二部分所要详细谈到的内容。就社会而言，我们一方面很清楚所有的政治权利都是以暴力为基础，国家或者是中央政府将暴力收归国有。暴力从台前遁入幕后，在这一过程中使整个社会按照某个固定的模式运行，这个固定模式被法律规定下来，成为一种社会普遍规律，遵守的规则在福柯那里就形成了一种规训。所以在规训的最深处是国家的原始暴力。这种暴力向外延伸外化为司法暴力并形成监督权，继续向各种社会部门渗透。然而，这并不意味着这种显性的暴力会作为一种持续性的存在，留存于社会生活的每个细节上。因为我们的政治权利的执行者和主导者毕竟是和普通民众一模一样的人，因此，他借助的一些暴力也都是人所构成的。在历史上反复出现的宫廷政变和军队倒戈无不说明统治者对暴力的掌控是有限的，所以才出现了封建分离或者地方自治这种行政区划上的离心现象。地方主义的持续存在反衬出中央权利在运行过程中有了自己特有的局限性，超出这个界限以外，中央权利便戛然而止。

这也说明，在很多情况下，中央的权利是与地方相隔离的，它必须依赖地方上的"代理人"，如同连锁店加盟一个品牌那样，使地方权力认同中央的权力。这使得中央的权利看起来是"虚构"的。它是一种依赖虚构的秩序观念、规则观念、法律管理。最后，这些虚构的理念浓缩成一种制度意识使人自觉遵守政治秩序、社会准则、风俗习惯。由此，这种权利关系固定下来，我们就可以默认了老师与学生的权利、上级对下属的权利、父亲对子女的权利，乃至所谓的"君臣大义"等。这样一系列主从关系组合的背后，就是全社会对于既有的成文或不成文的法律、规章、风俗的遵守，已经内化为一种理念。隔离由外在的形式转入思想和社会意识的深入，它在潜意识告诉所有人，一切人生来是不平等的。

二、隔离的隐性化

在对精神病、疯人、不正常者的相关研究中，福柯实际上已经发现，作为一种常用的技术手段，对于精神病患者、疯人、不正常的人的有效管控机制就是隔离。正如《古典时代疯狂史》开篇所揭示的对于麻风病人的疯狂，首先是建立麻风病院对他们进行隔离。最终隔离变成了一种社会治理的常态化机制，即使在科学无法对于真正的精神疾病、疯狂、不正常状态予以鉴别的情况下，政治权力与医学知识的结合也给这种非理性的类型下了定义。后来，福柯在《规训与惩罚》和《性经验史》中进一步拓展了治理技术对于个体隔离的研究，这主要包含了如下几个领域：

第一个是监狱对犯人的隔离。监狱诞生于司法技术与社会治理的深度结合之后，它不再是一座单纯的围墙、电网与岗哨的组合体，它形成了社会内部的秘密监督体系。监狱的作用由惩罚转向了改造，但是改造必须在围墙之内完成，在围墙之外实现其目标——犯人的"弃恶从善"。虽然这一目标经常被模糊化处理为一种社会的有限认可，但是相比于监禁隔离的传统形式，现代监狱实现了劳动力的内部转化。所以，在一定的条件下，不能够断言这种限制人身自由的隔离是否能够达到改造思想的目标，但是却能够有效地实现社会震慑功能，最大限度地避免犯罪的发生。

第二个是军营对士兵的隔离。将社会人口中的一部分身体健康的人作为士兵进行征集，形成军队构成一个国家的武装力量。但这种武装力量是与社会隔离的，它是一个单独的系统和单独的部门。就是通过特定的训练手段来规训肉体，从而实现对于暴力的另一种形式的运用，即个体在训练的过程中构成了国家暴力机器。

第三个是工厂对工人的隔离。机器大工业在近代发展起来之后，从事于工业生产的工人们被隔离于工厂之中，成为流水生产线的一部分。人类开始成为自己的创造物——机器的附庸，人异化为他劳动的附属品而不是劳动的主导者。这中间就实现了个体价值的转换，在马克思主义经典作家眼中，近代意义上的人实际上是一种退化的形态，即人向物的退化。那么在这一过程中隔离发生的作用是建立工人生活区，实际上工人与整个社会相对隔绝了。而泰罗制产生之后这种通过系统的规训把工人像军队中的士兵一样，异化成一个对于生产只有效率的一个活的机器，从而提高了整个工厂生产的效率。

第四个是学校对学生的隔离。学生从儿童时期就被隔离于家庭和社会之外。现在学生毕业，找到工作或进入工作部门以后被称为"进入社会"。换句话说，在进入社会之前，学生是隔离在社会之外的，基本上仅限于家庭和学校两个点之间运动。而寄宿学校的出现使得学生的日常生活又完全从属于学校围墙之内的范围，这种隔离的效果就更加明显。这是为了让学生在上学过程中达到更好的成绩，或者叫考出更好的成绩。通过这样一种技术手段实现了规训学生的目的，也就完成了隔离。

最后一种就是城乡制度对农民的隔离。几千年来，在几乎所有的人类社会中，农民因其产业的生产属性被世世代代束缚于土地之上。如果因为各种外部原因流离失所或主动进入城市寻找工作，当然这是工业化、城镇化以后的事。这个群体成了前工业化时代的隔离群体，这在以往的研究中被作为社会生产力的第一个基础来对待，所以，在一种新的生产模式诞生后，农民无法成为新社会的主导力量。重农主义者从国家与税收的关系中，给予第一产业以近代地位，但在实际上，一旦现实中的产业格局向着一种高附加值的行业倾斜，农业的原始地位就成为一种"落后"的标志。

士兵的隔离，工人的隔离，学生的隔离，一直到农民的隔离，就其本质而言是政治权力借助近代发展起来的科学知识对社会成员进行鉴别和分类。通过对社会成员的产业区分，把他们隔离至对应的单位或者生产部门，我们发现整个社会以产业分工或者劳动分工为基础形成隔离体系，实现了对于全体社会成员的种姓管控，即使是上层社会和一般意义上的统治阶级也无法逃脱无处不在的隔离之网。那种希望脱离这种社会体系的人在亚里士多德看来叫作"非神即兽"（《政治学》）。

如此一来，从福柯揭示的隔离的主题中我们看到了规训是通过知识生产来实现技术隔离的，在医学诊疗活动中，在工厂生产活动中，在教育部门的教学过活动中，知识生产过程事实上全部都成为转化为权力的过程。隔离的主题在福柯的整个研究生涯中都占据了重要的地位，作为规训和惩罚的主要技术，包括治理疯癫以及针对性问题、性科学、性知识产生的一整套的治理手法都可以是关于隔离的若隐若现的线索。

然而，隔离技术的大规模运用，必须等到现代社会的产生。现代集权主义国家将整个社会整合成为一个庞大的国家机器，有一个上面的控制—支配机关，下面可能有一个政党或者是一群执行者，政策执行的过程就是政府与民众互动的过程，这个过程不断地侵蚀而不是维护隔离机制。但是民众不是因为某些政策而自动地纳入到了社会的治理体系内的。他们是政治权力将相关的同类的或职能相近的各种单位和部门整合为社会团体，例如青联、妇联、工会组织等等，以作为这个政党的外围组织而存在。这样就同时产生了两套社会治理系统：

　　第一套是满足于社会生产生活需要的生产性部门和管理性部门，不论是政府、基层工人、事业单位，还是企业，他们都是为了管理和社会生产生活而出现的。第二套系统是根据人本身的类型，例如按性别分类形成妇女联合会，也可以按年龄分类，比如说童子军和青年联合会等等。近代发展起来的规训技术实际上在运行过程中是由隔离技术而实现了社会的整合，使得分而治之的策略运用得如此严丝合缝，每一个社会成员都必须纳入对应的社会生产活动中去，并保证没有遗漏者。为了更好地理解隔离造成的实际效果，或者是韦伯所谓的"支配社会"的支配机制如何发挥作用，我们需要对福柯的社会生产（管理）活动分类做进一步的阐释。

（一）教育

　　国民教育体系就是一种筛选和隔离体系，第一步将受教育者与外界隔离，从幼儿园开始，经过小学、中学到大学。在中学阶段，通过分数将成绩好的学生（有学习天赋）和成绩一般的隔离开（奥赛班与普通班）；高考前后，进行一轮决定性的筛选，保送生和高分考生进入一流大学，其他的则在普通大学乃至高职高专中进行配置。这是从学生的视角来看待学校里的各种隔离技术。那么对于学校中的教育者呢？他们是否受到隔离法则的支配？答案是肯定的。在整个接受国家财政预算拨款的国库体系中，如果是该体系内的公立学校，教育者即教师就被定性为专技人员，这样就与综合管理和工勤人员区分开来。行政体系内三类人员的隔离是为了满足不同的工作要求和考核标准。现在的问题是，以大学教师为例，进行职称划分的意义是什么？从现代大学的起源来看，职称划分，从低到高可以区分教学和科研的综合能力的高低——助教、讲师、副教授（有些国家的名称不一样）、教授。但是，经过与行政管理体系的结合，必然出现如下状况，即不同的职称意味着不同的学术资源分配额度。大体上是将高级职称（副教授和教授）与中级及以下职称（讲师和助教）隔离开。在课题申报和论文发表这两个最重要的方面画出各自的对应范围。比如国家课题重大项目、一般项目，主持人一般是高级职称拥有者；青年项目则是专门对应中级职称拥有者的。而问题在于这是出于什么需要导致的职称隔离与资源分配模式？答案可能有如下几种：1.行政管理上的操作便利；2.学术研究上的水平考量；3.资源分配上的隐性规则。

从教育系统的权利发生关系来看，学生上学的时候并没有一个人拿着枪抵着学生脑袋让他上学，也没有一个人拿着枪抵着老师让他上课。而在师生之间形成了关于教育学的默契，形成了在学校这个制度体系内和权力框架内关于教和学这一权利关系的互动。将人塑造成为社会所需要的人，需要付出极大的劳动、时间、金钱。那么一部分金钱由求学者自行承担（这就形成了学费），另外一部分由国家拨款或者在社会上募集（这就形成一种公共资源的分配）。对于教育体系来说，教育的重要性体现在公共资源和个人资源相结合而共同维护维持学校或科研机构的存在。由这种资源配置技术决定了教育部门的规训行为导致的驯化效果得以同时在教师和学生身上发生。在学校内部，学生通过参加各种社团，进而模仿社会行为。学校中学生社团的本质是学生对社会行为的模仿，为什么会产生模仿式教育？这是为了培养社会所需要的人才而采取的一种策略，一种规训的策略。这本身就说明了学校与社会之间的隔离关系。如果这个学生能够从事真正的社会工作，从而掌握实践的技巧和对社会运行现实的直观的感知，或者叫切身的体验，那么就不存在模仿行为，不存在学校的社团性的这种模仿情景模拟行为。

所以学校制度的产生，其类似于创造出一个管理部门模拟社会生产部门的窗口。那么这种隔离就导致了教育部门与生产部门（社会对于劳动力的需求）之间的巨大的隔阂。从而又产生了一种新的教育理念，那就是职业教育。那么作为传统的西方意义上的大学教育和针对近代以来现代市场经济产生所需求的职业教育这两种模式之间就出现了一种对社会的对接。教育部门与社会生产部门的对接，成功与否取决于学校的教学质量和教育理念是否符合社会的需要。进而在我们的大学中，即非职业技术学校中出现了以就业为导向的教育。然而，这种形式的教育"形变"可能导致一种理念的错误，如果单纯为了适应而适应社会竞争的话，是不需要再进行纯粹的人文教育或者是通识教育的，对于人格本身的培养，社会、家庭都能承担相应的职责，并不一定需要一个多么高端的、高深的在故纸堆里不停翻拣过往历史中的只言片语的知识生产部门。职业技术教育试图打破这种教育部门与社会生产部门之间的隔离，产生一条可以连通知识与技术、学校与社会的常态化链接。但是它在一定程度上培养的是技术性的直接面向生产线的操作者。教育活动中的隔离在以毕业或考取资格证作为分野的状态中直接通向了社会职业。

（二）职业

职业分隔的人为痕迹非常明显，换句话说，这种行为是一种纯粹的治理技术而不是简单地将人划分为农民、工人、商人、学生、士兵等等。因为在一个流动的社会中这些人在这些阶层之间是可以相互流动的。一个农民可能被征兵，一个工人可以去上学，一个学徒也可以毕业后去经商。所以说阶层之间或者说人本身是自由的。近代以来，自由平等的理念深入人心之后这种阶层的流动就拥有了一个天然的和逻辑上的基础，这个基础，被规定为"权利"（right），这就是人权的由来。当各个阶层互动之后我们看到原有的阶层被打破了，这只能说是一种职业产生的结果，而不是原因。各种职业之间也能够相互转换。只不过，在一般情况下愈是技术要求高的职业愈是很少发生选择上的变动，一个人一生可能只从事某一项职业，由此，他与其他职业的人之间自动形成了劳动分工上的隔离状态。因此，这种分隔的结果就被人类内在地接受下来，就去默认有一种阶层的存在。为什么？因为工作或者职业不能够轻易转换，农民很难在耕种过程中突然变成了商人，商人也很难在经商很久之后又突然回归农田。所以阶层的固化本身是一种个体从事职业过程中由于时间成本而导致的不可逆的行为现象，或者叫行为结果。但是这种阶层的分隔一旦被确立下来之后，就很难发生改变。然而职业成功就可以延伸到对社会成员的隔离上来，通过职业划分让人们把有限的时间、金钱、精力投入对某一单一的技术的运用和深度研究上，从而使这个技术向纵深发展。并且经过一定实际的积累之后出现质量的提高，那么社会中的各个生产部门依照这个逻辑就可以实现整体效率的提升。但是从社会发展的角度来看，各个部门的发展必然是不平衡的，再就是会出现所谓的结构性危机，某些工作或整个行业都可能在经济发展中被淘汰掉。

当现代社会在智能化的道路上飞奔时，技术造成的职业隔离更是强化人与人之间的不平等。"2050年的就业市场的特点很可能在于人类与人工智能的合作，而非竞争。从警务到银行等各个领域，'人类+人工智能'的表现都能超越单纯的人类或单纯的计算机。"人工智能可能"协助培养出历史上最优秀的侦探、银行经理和军人"。[1]尤瓦尔·赫拉利的

①尤瓦尔·赫拉利：《今日简史》，林俊宏译，中信出版集团，2018，第27页。

预言能否实现是一回事，在实现之后是否造成了相关职业的特权属性又是另外一回事。然而，要回归到职业发展的基本前景上看，有无特殊技能成为能否从事相关职业的关键："这些新工作很可能需要高水平的专业知识，因此，无法解决无技能失业者的就业问题。让失业者接受再培训之后去做这些工作，可能还不如直接创造完全属于人类的全新工作。在过去的自动化浪潮中，劳动者通常可以从某个低技能的工作轻松转到另一个低技能的工作……但是到了2050年，收银员或纺织工人的工作全部由机器人接受之后，他们几乎不可能变身为癌症研究人员、无人机驾驶员或'人类+人工智能'的银行团队中的一员。他们缺少必备的技能。"①智能社会中，技能成为继出身、血缘、考试能力之后的又一堵高耸在阶层与阶层之间的隔离墙（今天被称为蓝领和白领的那两个群体同样是职业技能决定的）。于是，社会的形态不在于是否呈现为金字塔或纺锤形构造，而在于是否由某些特定的因素使群体之间的隔离状态被常态化，进而形成固化的社会等级。不平等的根源固然来源于自然界或后天的阶级因素，但是维护还是尽量消除不平等要根据其隔离的技术类型来确定，政府可以无视出身而重视考试，但不能抹平个体技能之间的差异来实现生产领域的绝对平均主义。

---

① 尤瓦尔·赫拉利：《今日简史》，林俊宏译，中信出版集团，2018，第27页。

（三）政治话语

每个个体之间的某些差异是天然的。比如说相貌、身高、血型、遗传基因，最后外化成一种所谓的种族的差异、语言的差异、生活习惯风俗的差异，等等。这些天然差异的存在本是一种自然选择的结果，或者叫环境塑造的结果，或者叫环境隔离而导致的后果。比如说游牧民族生活在草原，农耕民族生活于可种植区。然而当这种风格被一种政治话语所转换时，分隔本身天然的差异就成了一种治理的技术。贵贱之分、野蛮与文明之分等等。所以，隔离是一种借用先天的尤其是要借助先天的自然标记出来的差别，而转换成后天的满足于统治或者叫治理需要的群体识别技术。这样我们在填表的时候就会看到民族是什么、性别是什么、宗教信仰是什么，好像这种宗教信仰就一定带有先天的政治投机色彩，好像是说信仰某个宗教是因为我要实现目标。这肯定是一种谬误。因为有很多宗教很显然它是去政治化和脱离这个成长的，只不过受到世俗环境的影响反过来被政治化，成为社会治理机制的一部分。因此从整个人类历史看，我们今天或者是近代以来格外强调种族的差异，是毫无道理的一种行为。其本质就是一种政治上的治理技术发展的后果，利用政治话语和宗教符号把人分而治之，不但用国界线把人切割开了，把社会与社会之间切开，而且从社会内部把人与人之间区分开了。导致现在从上至下的治理技术的技术化识别：你是这个族的，我信这个主，你是这个党的，我是那个派。与之相应的，就是从下往上的，因为我本人属于某个民族，信仰某个宗教，所以我就应该和某个民族某个教派相对立。这种由于政治话语导致的隔离造成的后果就是对个人的精神、思想、意识形态的深度控制。简言之，为了实现这种控制，才刻意地在人与人之间做出这种严格的话语区分。

然后我们就看到了近代历史上，因为政治观点差异而导致的政治派系，有根据政治纲领的激进与保守，区分改革者和顽固派。这种区分的本质都能上溯到一种政治力的诉求上。那么把这句话反过来理解就是：政治诉求借助一种外在的语言包装对人进行隔离。你有你的理由，我有我的观点；你的观点代表了你的利益，我的观点证明了我的利益。为了这种利益归属于我，所以我要把你打倒。在近代以来的一些所谓的民主政治国家里，这种利益区分就转换一种和平竞争模式：选举——政党选举、总统选举、国会选举。机构对立的外部形式被利益的相互妥协所抵消，也就是说，在作为妥协而非对立的派系博弈中，权利关系被置于可交易状态。或者说，实际上很多本质或内容完全相同的政治理念或价值导向只是在话语表述上存在对立——纯粹的概念竞争。因此，政党轮替导致的权力争夺，其实就是围绕话语权展开一场竞选游戏。如此一来，与社会话语权直接相关的新闻媒体就"自动"获得了第四种权力（在立法、行政、司法之外）。第四权力的出现说明话语权的制衡，成为传统的三权分立之外本质性政治活动。只不过，权利关系从政府内部扩展至社会之中。

三权分立将同一种政治权力划分为三份，有人说还是不行，为什么？可能有一个幕后的势力会在背后对台前的政党候选人进行操控，他两头下注，进行风险对冲。这种资本—权力的转换模式在技术上毫无难度可言，民主主义的政治调控机制因外部的过度干预退化成一场选举游戏。民众在长时间地忍受了经济滞胀造成的生活困苦后，必然对这种虚伪的"主权在民"体制产生强烈的反感，于是民主主义必然向民粹主义急剧蜕变。然而在一种由宪法限定的"三权"之外，出现了第四权——新闻权。新闻权具有相对的独立性，它不是绝对的。但是如果国家的政治权力能够无限地扩展和延伸的话，那么大家可以看到新闻也能够被政治控制。调控是一种有意识的公开的控制。另外一种可能是隐性的时间。这是政治权力扩展和延伸的必然结果，跟你信奉哪种意识形态没有任何关系。好在这种权力分隔技术背后，我们看到了民众的权利在被削弱之后，仿佛又被增强，在增强之后仿佛又被人为削弱。为什么？因为民众是分散的，并不是因为政治权利不能够代表民众，或者不能够维护普通民众的利益，也不是说新闻界舆论界不能够独立地发表自己的观点，代表社会民生去体现普通民众的诉求。而是说民众自身的观念分歧再加上长久以来历史性的产生的这种利益上的对立已经转化成内在的观念而深入人心了。我信仰这个主义，他信仰那个宗教，那么这两者之间必然在某些问题上是不相容的。作为

"我"一个活生生的人来讲，具有了这种观念之后"我"肯定不会赞同那种观点甚至敌视、排斥另外一种观点，这就出现了深刻的社会内部的对立。不是体现于统治阶级和被统治阶级，而是体现于每一个个体身上。在这种情况下，政治话语首先表现为关于个人权利的话语，它与这个社会的主流意识形态无关，个人关于个人是否拥有特定的权利毫无疑义，可关键在于他的权利包含哪些内容，属于哪些范畴，其外延如何，怎样行使，以及如何保证这些权利的有效性，个人对此一无所知。这正是现代大众社会的权利悖论：每个人都拥有权利，每个人都不认知权利。政治话语必然因一种普遍的"无知"扭曲成舆论领袖和擅长作秀的民粹主义政客的"个人意见"。个人的权利被整合进"社会共识"，这本身就是社会治理技术的一部分。

只不过这种治理技术体现得更为明显。比如说建立统一的社会保障机制下，西北欧的福利国家的福利政策从摇篮到坟墓。把社会民生作为一个整体，只要达到了一些基本条件就可以把一个人"包养"起来。中国的普遍医疗保障制度还有现在全世界奉行的普遍性公共服务体系都是基于上述原则。这就是一种整合机制，区别于前面我们讲的隔离，在隔离的基础上又通过实际的行政手段来发挥经济作用，用行政去调动经济资源来实现社会整合，医疗保险、失业保险、养老保险就是非常典型的例子。那么分隔和整合两者并不存在绝对的对立关系。一方面社会必须被分隔为不同的职业、阶层、群体、集团，否则，整个社会的差异性、多元性就会消失，各种不同的思想也难以出现。如果没有各式各样的思想碰撞的话，那人类文明的发展就必然走向唯一性，并无限地坠入僵化的深渊。换句话说，职业和群体的隔离在某种程度上是社会多元化的重要原因，隔离对于特殊社会群体甚至某些人类社会来说，都是一种保护机制。它拒绝了整体性获得的生存和延续的小小特权——因此，隔离的机制在某种程度上充当了文化多样化的保护机制。但是一个社会成为国家的附庸之后，国家主义就必然诉诸统一性，统一的语言、统一的文字、统一的度量衡、统一的道路，最终就是统一的思想，这就是反隔离的机制。单从思想领域上讲，怎么在这种互相对立的观念之间进行整合呢？那就是建构一整套"主流意识形态"，不管你是英国人还是美国人，不管是西方还是东方，它都有一种主流的意识形态。它最主要的作用就是维系人心，最后形成一种社会共同体的纽带，当然这种纽带是一种想象的产物，这将在本书的第二篇里进行详细的探讨。

（四）自我隔离与反规训机制

在隔离变得普遍化之后，为了对抗这种严重的社会分裂现象——这种分裂不是霍布斯意义上的古典冲突理论：一切人反对一切人的斗争，即立足于个体利益基础上的社会对立。它是着眼于社会劳动中的人际关系异化，人与人之间形成的社会分工不但没有成为人际黏合剂，反而触发了一种新形势下的个体对立。这种对立的物质基础远远弱于精神需求，为了满足个体的精神需要，人开始从社会生活中逃离。为了对抗这种脱离，社会自发形成了各种社会公益性组织，他们通过帮助训练年轻的、有劳动能力的人，或者未到退休年龄的劳动力使之重新找了工作，促成一种社会成员的回归。古典冲突理论要求一个群体压倒或反抗另一个群体，而新的社会脱离现象则反映了社会物质需求能够被保障的条件下，人们对于社会生产活动的抵触与反抗。从近代工业发展后，无产阶级要求劳动，要求保障劳动权利，异化为拒绝工作，拒绝从事与自我意志相悖的工作，这种巨大的转变将劳动权利在事实上取消了。

　　日本的"御宅族""啃老族"，就有对社会责任的放弃，是一种对现代社会伦理的脱离。传统社会对个人的要求是成家立业，即结婚、生子、从事各种职业或与社会的接触。而"御宅族"依托信息技术，在住所将自己与现实社会进行一定程度的物理隔离，除了吃喝拉撒等基本的生理需求外，他与社会的唯一联系是通过互联网完成的。这种现代自我隔离现象出现于日本，但在东亚国家有愈演愈烈的趋势。而物流技术的进步，保证了食物和物资的远距离送达的效率，"御宅族"在现实世界的唯一的立足点就是计算机所在的位置而已。从这里，可以看到对逃避福柯所谓的"规训"机制发生了作用。这种反规训行为开始向更多领域蔓延，如啃老——拒绝工作或拒绝由父母的家庭进入社会；不婚——拒绝成立家庭；同性婚姻——拒绝传统两性关系。于是就导致了几类传统权利关系的不发生：不婚——抚养与被抚养家庭亲子权利关系；啃老——劳动与雇佣的社会权利关系；同性婚姻——传统夫妻两性权利关系。

现代隔离机制的出现，使我们可以观察到，逃避自由与逃避奴役同时发生，个人由于孤独而从属于某个群体，即使是在自我隔离的"御宅族"中，也必须通过网络进行精神交流，哪怕交流的对象是电脑游戏中的虚拟人物，或现实中的手办玩偶。而啃老则直接指向了那种对于要求主动接受社会"责任"规训的机制的拒绝，希望逃避社会"奴役"——现代职业行为的不自由状态。另一方面从这个社会裂缝处又产生了大量的自由职业者，而本质上是希望自由支配自己的时间，并获取生活来源。自由职业者导致了传统的依赖固定工作场所、固定工作设施的上下级、同事关系被消解了。转化为产品随机零售模式——从业者与职业直接的唯一联系，这要归功于服务业、新闻出版业为载体的思想市场的巨大需求。这必然指向传统式的政府思想干预机制的失效。档案与办公室结合产生的近代官僚制管理模式依然在政府直接控制的领域发挥作用，但是就社会职业模式的发展而言，政府的干预能力被极大地削弱。

职业分工的过分细化，必然造成技术性职业垄断，电脑黑客就是典型的表现。没有哪个现代政府不依赖高科技主导下的互联网技术，也没有哪个政府不被网络安全问题所困扰。这一困扰的本质就是技术分化给某些具有特殊技能的人以支配资源的机会（这里的资源当然是网络资源和信息资源）。与那些消极的反规训群体相反，具有特殊技能的职业（或被称为自由职业）群体恰好可以通过掌握了某种特殊的技能来实现与社会管控力量的自我隔离。即暴力机关无法确定哪些行为对社会共同体所赖以生存或发展的虚拟世界造成了实质性危害。所以这些在现实世界中的人们利用自己的网络技术实现与传统的现实管控机制的隔离。他们的权利来自信息世界的无限性——虽然它产生于看起来十分拥挤的现实空间。

那么，问题就是自我隔离的群体在现实世界的权利关系如何体现？或者说现实世界对于自我隔离群体的支配权到底该如何界定？消极自由的理念与消极的自我隔离类似，所以一旦回归到关于人类的自然权利学说中，隔离的基本原则无法实施对个体的彻底管控。也就是说每个人不论选择如何，他都先验的拥有自己的权利，但是现代社会对于个体的支配是出于社会生产的需要，而不是理念上的需要。它通过不断地复制生产关系来扩大经济基础，但国家通过税收和财政来全面支配经济（生活）时，个体的自我隔离就成了一种逃避社会责任的道德批判对象。集体主义在20世纪以民族主义和民粹主义的各种极端形式来展示社会道德的集中特征。它希望把每一个人都纳入生存共同体中并且与另一个生存共同体进行竞争。但是，结果是无比惨淡的。个人权利虽然没有被强化，但是国度的集体主义导致了个人的消失——通过不断地放弃自我，而放弃了权利。于是，一旦经济增长能够提供基本的社会福利（普遍化社会保障），这些渺小的个体便从集体中"大逃亡"——脱离束缚的基本要义也就是满足最低限度的生存需求之后，便不问其他。

总而言之，国家通过隔离实现了社会对个体的规训与惩罚，而与之相对应的自我隔离又同时导致了反规训的效果。

三、全球化作为现代"常识"

作为一种传统的学术而言，对政治学本身的研究主要围绕着权力展开，系怎样整合一个人到另外一个人再到另外一个人从而构建的庞大的社会关系网络的集合，或者把它称之为社会共同体。这就实现了一种人与人之间的联系。这种联系，形成一股向上的力量，在这个金字塔的力量的顶尖就出现了所谓的统治者。而从上再往下推广就是所谓的主权关系，主权权利不但包含了人这一核心要素还包含了领土、领海，以及近现代发展起来的领空理念。最后在国境线范围内，这种权利关系得到了完全的确立，然后以国际的国内法的形式实现。从威斯塔利亚合约之后，这种权利关系越出了国境线向外部进行横向发展，就有了国际法或者叫条约体系。按照国家不分大小、强弱的政治理念构建了一个新的国际性的权利关系，那么这样一来我们就可以看到国内权利关系的发生和国与国之间的权利关系的发生，而欧洲在近代以来的对全世界的殖民扩张就形成了这种扩大化的全球权利网络。

在19世纪末20世纪初形成的全球殖民体系结构构建了一个殖民权力关系网络。世界上每一片土地，可能除了南极洲之外都被纳入这个全球权利关系网之中。从而形成了所谓的现代世界关系，当然在这之下按照历史发生的具体事来划分。又出现了所谓的凡尔赛—华盛顿体系和这个雅尔塔体系以及冷战后的以美国为中心的一超多强的全球权力体系。

2012年以来在中东地区一直到北非，这一地区的权力体系或者叫权利关系，在冷战后因为出现了权力真空而导致区域性的内部坍塌。本身它们是有一个国与国之间的中东国际权利关系在的，比如说阿盟或伊朗、土耳其等等。但是由于这种权利关系的外部压力消失也就是苏联解体，而美国在其中的搅局导致了这一地区一直处于一种动乱的状态，一直到目前的叙利亚危机都是如此。

一直以来，美国都巧妙地将自身隔离于全球体系之外，它所模仿的隔离机制实际上发端于英国。这套隔离政策被称为"光荣孤立"，美利坚合众国的国父们在立国之初就坚定了置身于世界（主要是欧洲列强争夺霸权所引发的）乱局之外。由于远离旧大陆的区位特点，使其可以全心投入本身的发展之中，并为获得全球霸权积累力量。内战之后工业发展的成功使其在19世纪末跃升为世界头号工业国，由此成为列强中新兴的一极。但是专注于自身发展而不问旧大陆是非的"孤立主义"心态却一直延续到第一次世界大战期间。为什么要坚持孤立主义？研究这些问题的人很多，也形成了很多的观点。至少有一个共识就是孤立主义可以保证美国自身的利益，不参与或者不被卷入到欧洲内部的长时段的冲突中去，这就是孤立主义要实现的目标。只不过随着一战之前美国国内力量的增强以及在太平洋区域的扩展，特别是1898年美西战争之后，美国的势力一直扩展到西太平洋的中国海周边。因此，美国内部出现了对外进行资本输出的愈来愈大的压力，这种输出压力同时转化为保护美国对外投资的压力。于是，在一战中美国就被作为一种全球权利关系的重要参与者。这在一方面使美国卷入到旧大陆的争斗之中，并改变了战争的走势，另一方面美国的孤立主义进程被打破了。但是在空间上它的东西两岸都是辽阔的（太平洋和大西洋），其南北方向一个是和它文化结构相近的加拿大，一个是国力远远比它弱小的墨西哥，因此作为其长期坚持"孤立主义"的地理基础，即相对隔离的地理空间，也叫地缘政治优势，并没有发生改变。

这一点和亚洲历史上的日本非常相似，与欧洲历史上的英国也非常像，他们具有一种自我隔离的天然的地理障碍。所以说在近代以来整个全球权力体系的发生，都是以某种孤立主义，或者是某种隔离为基础的。反过来进行了整合，比如说第一个日不落帝国西班牙，后来的英国，"海上的马车夫"荷兰，等。这些国家从地缘政治上看处于整个欧亚大陆的边缘地带，也正是有赖于这种"偏安一隅"的半孤立环境，它们可以持续不断地向世界其他地方投射能量。但反过来讲，这种地缘政治造成的国际权力投射，又强化了他们自认为"独一无二"的自我优势。这些殖民强国在客观上促进了全球各个角落的相互联系，却在同时希望自成一体，隔离于其他强权，从而长期确保自身的优势地位。

隔离提供了安全保障，不易招致外来入侵的威胁，法国在与英国的霸权斗争中，从路易十四到拿破仑都是因为海峡的阻隔，而未能侵入英国本土。隔离的地理条件，造成了安全的发展环境，进而塑造了孤立主义的政治心态。

对于自我隔离的国家而言，隔离不是地理因素造成的，而是政治决策造成的。隔离成了自我保护的一种必要手段：英国的光荣孤立，德川日本的锁国政策，都体现了这一点。一旦隔离作为国策被确立，那么不论实践有多么困难，都会被强制执行，直到有其他的力量将这种自我隔离的状态打破。所以，所有的乌托邦实验都必须是自我隔离的。否则信息、人口和资源的流动将直接破坏乌托邦内部的权利关系（资源和人口决定了利益分配的策略）。这是任何一种乌托邦都无力承受的冲击。因此，用绿卡和签证（移民法）将国家隔离起来，成为一个闭锁的富裕国度，有节制地吸纳外来移民，并强力发展用于隔离的力量与技术，以防止外来势力的介入——这不正是某个强国从颁布"排华法案"起，坚持了一百多年的国策吗？交流、沟通、全球化这些华丽辞藻的背后，是利益攫取、利益分配和利益互动。所以，当有些国家迷惑于自由主义经济学说时，早在19世纪中期，德意志经济学家弗里德里希·李斯特就第一个站出来无情地戳破了来自英国的"经典理论"的画皮。谎言重复一千遍，既然能变成真理，那为什么不能成为常识？

国家之间的隔离状态并没有因为资本的全球化而得以彻底消除，在我们生活的当下，没有哪一个国家愿意完全放弃国家的边境线，以践行世界主义的理念来拥抱世界。而隔离的调节作用保证每个国家的政府都能够在国境线内为自己的特殊利益保留回旋余地。所以贫富界限、强弱界限并不是政府施政的结果，而是政府宏观调控的对象。然而由于全球化的强势推动，政府越来越难以保持国境线的绝对性，它必须不断地"释放自我"，将内部资源与外部资源进行互动配置。国际市场在某种程度上可以实现国际政治组织暂时无法实现的人类一体化目标。所以由国家主权构建的国与国之间的隔离体系，一方面是经济全球化的阻碍，另一方面又充当了国家利益的维护者。

第二篇　想　象

第五章 权利发生说的神学叙事

一、自然权利说的近代起源 (上)

霍布斯的"利维坦"成为近代社会权利体系的第一个也是最重要的代名词。在霍布斯看来，人与人之间的战争状态需要靠超出个体界限的共同权利来终结。他把这种权利称为和平条件，即"自然律"（或自然法）。在自然法的限定下，人与人之间必须保持一定程度的和平，才能使每个人的利益得到最大化。这一论断放在17世纪的背景下，的确是惊世骇俗的。不论是其出生那年（1588年）英国大败西班牙无敌舰队，还是其亲身经历的英国内战，对当时的君主、教士和普通民众而言，战争的现实合理性就在于国王想打就打，想停就停，不存在什么真正的"和平"。一部超乎人类想象的"自然法"也必须以武力做后盾，否则，就是一纸空文，其中的各项权利也不会得到任何执行。霍布斯并没有无视现实，他的理论必须有一个极为现实的前提才能够自圆其说——至少在他自己看来。霍布斯在为利维坦进行的理论建构上，充分表现了那个时代特有的人文主义情怀。他的关注点首先就是人本身：如果说社会共同体中的权利关系是基于人与人之间的关系，那么要想准确地把握这种共同权利或这种和平的首要条件，就必须从个体的特性出发，去进行系统地研究。所以在《利维坦》的谋篇布局中，"人类"占据了首要地位。

但是要回答什么是"人类"并不是件容易的事情，他无法回答任何一个哲学家或思想家都研究过，但却从来没有确定答案的问题："我们是谁？"这里的"我们"正是人类自己。所以他从人类具有的属性出发，来建构利维坦权利体系中的主体。个人在霍布斯看来，其具有的属性是自己也具有的——这不是一句冷笑话。而是霍布斯作为思考这一问题的主体，他可以以自身为例来对人进行定义。从感觉开始到个人品行，这在霍布斯看来是每个人都同等具有的属性。只不过能力和地位的获取更带有后天的性质，霍布斯并没有视而不见。只是在他看来，这些事物与感觉、想象、语言等构成了一个内外二元的属性体系。正是在权势、身价、地位和资格方面，人与人之间产生了巨大的社会差异性。如何理解呢？假设地球上只有两类人，一类的语言能力极差，一类极好，但都需要自己打猎、种植，过一种极为单一的自给自足的生活。那么语言能力的差别，并不能说一类人比另一类人优越。然而，一旦进入社会共同体中，个体能力和其他的先天禀赋（包括家庭出身）直接导致个人在社会中权利等级有了高下之分。强者从社会中获取资源的能力超过了弱者，因此，为了实现权利的稳定，必然建立一个有利于强者的权利体系。这一过程不难理解。但霍布斯要回答的问题是：同时出现了许多强者，相互之间的能力差别不大，他们若为了相似的利益而发生了争夺该怎么办？在伯罗奔尼撒战争中，雅典人曾盛气凌人地宣称："强者行其所能为，弱者忍其所必受。"霍布斯所知道的战争基本上都可以对应这一事实。然而，战争本身的破坏性，正是霍布斯批判的对象，否则，他也不必亲自制定一套"无中生有"的自然法了。然而，对于霍布斯来说，充当立法者，无异于充当他那个时代的摩西。既然没有一个至高的神祇来把早已成文的法律赠送给霍布斯，那霍布斯必须自己充当立法人又不能让这部法律毫无权威性。于是自然（nature，另有"本质"之意）就必须出来为全人类立法。

然而，问题再次出现，霍布斯的"法"是否与摩西的相冲突呢，是否与中世纪以来社会道德领域的最高法典——《圣经》大相径庭呢？霍布斯当然不敢保证，由自己充当立法者之后同时取代教会——因此，他必须先毁灭教会！由大陆宗教革命带来的影响自然会波及海峡对岸的岛国。从亨利八世到伊丽莎白，英国王权摆脱了罗马教会的影响，英国君主成了国教领袖。在这个背景下，去攻击罗马教会不会给霍布斯本人带来致命的风险。那么该如何批判"宗教"而为自然法铺路呢？

在霍布斯看来，宗教也是人类的发明之一，按照他的归类，也可以被视为人类的属性。这一属性并非人类喜欢创立各种稀奇古怪的组织、仪式或进行疯癫的活动。霍布斯认为，宗教的产生，源于人类对事物原因的探求，人因为具有动物所不具备的求知欲，而使得知识作为发现事物原因的重要手段。但是，在最早的时候，或者说远古时期，人类的知识不能够解释众多事物产生、发展的原因，由此，就需要另外的方式来解决生老病死、四季变换、地震火山等等问题。宗教就这样产生了——人类对未知的恐惧。

这种经常存在的恐惧，在人类对原因无知的情况下，就好像在黑暗中一样，是始终伴随着人类的，它必然要以某种事物为其对象。因此，当我们看不见任何东西的时候，无从找出祸福的根源。便只有归之于某种不可见的力量。可能就是在这种意义下，某些旧诗人说，神最初是由人类的恐惧创造出来的。[1]

但是，对霍布斯而言，单纯的恐惧还不足以造成如此巨大的宗教，人类对于未知的事物尽管恐惧，但在日常生活

---

[1]霍布斯：《利维坦》，黎思复、黎廷弼译，商务印书馆，1985，第80页。

中，更重要的是要面对现实的问题。大多数人不会因为纯然的恐惧而信奉宗教，而是由于对于具体的问题难以推导其原因。这本身就是一种思维的活动形式，对因果律的渴望，当科学并未能达到祛魅的目标的时候，思维便退而求其次——通过信奉无处不在的神来安慰焦虑不安的心灵。由此，便萌发了宗教诞生的"自然的种子"：

（1）对鬼的看法；（2）对第二因的无知；（3）对所畏惧的事物的敬拜；（4）将偶然事物当作预兆。[1]

在现代社会被断然当作迷信的东西，其实在近代以来已经被各路的人文主义思想家们反复批判了。只不过从人类思想发展的历程看，这种所谓的"迷信"也不过是一种人类的思维方式而已。但是当一种思维普遍化到一定程度，就成为一种社会思维规范，宗教的诞生也正是建立在其中共有的思维模式的基础之上。而宗教的重要特性之一，是将精神领域中的权利与世俗权利结合了起来——神权社会就这样诞生了。欧洲中世纪由罗马教会构筑的权利体系，一直缺少强有力的权利基础，从查理曼到亨利二世再到巴巴罗萨，世俗的武力在反复证明权利的根本来源到底是砍刀还是上帝。霍布

---

[1] 霍布斯：《利维坦》，黎思复、黎廷弼译，商务印书馆，1985，第80页。

斯从近代民族国家诞生的时刻来回首欧洲自基督教创生以来的历史，也必然得出同样的结论，因此，他对宗教造成的权利架构并无太多的推崇。他在对人类个体的属性有了一个全盘的认知之后，就必然回归到全书的主题：国家。

国家产生的原因与宗教一样，离不开对人类本性的理解，个体之间的好斗多半属于人类天生的动物属性。然而，在社会共同体形成之后，人类之间仍然会为了各种各样的理由或利益发生斗争。和平状态在利维坦以前可以说只是斗争的间歇，没有哪个人天生是和平主义者，自然界的生存法则被视为"丛林法则"。这是历史上几乎所有时期，思想家们认定的事实。只不过有人肯定了这一法则的绝对性，而另一些人试图通过某些手段来抑制这一可怕现象的发生。霍布斯正是后者。

如果要建立这样一种能抵御外来侵略和制止相互侵害的共同权力，以便保障大家能通过自己的辛劳和土地的丰产为生并生活得很满意，那就只有一条道路——把大家所有的权力和力量付托给某一个人或一个能通过多数的意见把大家的意志化为一个意志的多人组成的集体。这就等于是说，指定一个人或一个由多人组成的集体来代表他们的人格，每一个人都承认授权于如此承当本身人格的人在有关公共和平或安全方面所采取的任何行为或命令他人做出的行为，在这种行为中，大家都把自己的意志服从于他的意志，把自己的判断服从于他的判断。这就不仅是同意或协调，而是全体真正统一于唯一人格之中；这一人格是大家人人相互订立信约而形成的，其方式就好像是人人都向每一个其他的人说：我承认这个人或这个集体，并放弃我管理自己的权利，把它授与这人或这个集体，但条件是你也把自己的权利拿出来授与他，并以同样的方式承认他的一切行为。这一点办到之后，像这样统一在一个人格之中的一群人就称为国家，在拉丁文中称为城邦。①

　　这段话可以看作近代政治哲学中国家概念的诞生宣言，权利的授与与行动方式的承认，是利维坦得以诞生的主要原因。接下来，霍布斯又分析了国家诞生的两种具体方式：按约建立和以力取得。这两种方式都反映出利维坦的构建过程中，个体之间的权利关系。

　　按约建立的国家是霍布斯分析的重点，这种契约造成的社会关系，必然是在契约上体现个体之间的权利与义务。而在此间霍布斯已经暗示了契约对于一个新型的社会的重要性，在于体现人人平等的原则。这种原则是对欧洲封建等级制的一种反动。但是，现实中绝对平等原则意味着每个个体的自身能力、天赋条件以及后天的行为方式都有着同一性。即人人平等意味着人人相同。这对契约式共同体而言是一种极大的悖论。一旦前述条件中有一项发生变化，后面的平等

---

①霍布斯：《利维坦》，黎思复、黎廷弼译，商务印书馆，1985，第131—132页。

原则就丧失了现实的基础。因此按约建立必须绕开绝对平等主义的陷阱，使人们从真实的现实出发，在实际的社会生活中，面对各种不平等。但是，不是为了确认不平等本身的合理性，而是通过让与一定的或全部的权利，实现人人共享的社会。这个共享不是社会资源的平均分配而是对社会生产过程的系统调节，不至于使少数人过于强大而奴役其他人。但要想实现上述条件，绝非易事。霍布斯对此心知肚明：没有任何权力的掌握者会轻易地向被支配者妥协。这种权力的基础就是暴力本身，一旦掌权者完全按照自身的意志去妄图决定事态的发展，那么平等原则或是自由权利全都会烟消云散。那么，在利维坦诞生的第一刻，对国家的最高代表——主权者的制衡就是保证"按约建立"的国家得以遵照契约的首要任务。

霍布斯一共列举了十二项"构成主权要素的权利"，其中包括了确立新信约、少数服从多数原则、豁免权、言论和出版审查、司法权、官员甄选等一系列权利。在这种主权权利发生的过程中，其中最为重要的一点就是有序暴力和无序暴力之间的本质区别：前者由政府（君主）掌控，设立法庭、监狱，供养军队、警察，按照法律惩治犯罪，平定动乱；后者则任由任何掌握了暴力的人来剥夺其他人的一切权利。利维坦的意义就是以暴力为后盾的普遍和平。

其实一切政府形式中的权力，只要完整到足以保障臣民，便全都是一样的。人类的事情决不可能没有一点毛病，而任何政府形式可能对全体人民普遍发生的最大不利跟伴随内战而来的惨状和可怕的灾难相比起来或者跟那种无人统治，没有服从法律与强制力量以约束其人民的掠夺与复仇之手的紊乱状态比起来，简直就是小巫见大巫了。①

国家是社会共同体形成后，社会权利构建的最高形式。它的存在被从柏拉图到霍布斯再到黑格尔所阐述的政治哲学所肯定，这也是西方政治哲学的中心议题。国家作为所有社会权利的集合，系统地划分了个人的"义务"，使每个个人都能在社会中找到自己对应的位置。民族是血缘的产物，国家则是权利的集合。因此，近代以来的民族国家也只是国家形式的一种。它无非是在某个国家内通过法律强制规定了某一特定民族的权利被上升为国家意志。近代英国在试图整合不列颠岛上的两个民族（英格兰和苏格兰）时，不断地受制于各自的民族特性。尽管英格兰一直处于优势地位，但是苏格兰民族的强烈民族个性始终成为不列颠岛整合成一个统一国家的最大障碍。于是，我们看到英格兰人在16世纪下半叶以来几乎征服了三分之一个地球，但是在一个27万平方千米的岛屿内竟然要花费那么多的时间和精力去完成两个彼此毗邻的民族的权利整合。因而，在构建更大的社会权利同一体

①霍布斯：《利维坦》，黎思复、黎廷弼译，商务印书馆，1985，第141页。

的过程中，国家带来的好处，常常被由于各种因素（主要是经济因素）造成的阶层、民族集团间的不合所抹杀。在现代社会，国家的规模化效应本身有利于每一个社会成员——不论他属于哪个民族——去自由发展。但仍然会出现在政治上有野心的个人或部分势力，去煽动民族间、阶级间的不合，妄图浑水摸鱼，达到分裂国家的目的。这种反利维坦的行为在现代社会而言，绝对是一种历史的反动。它在摧毁了已有的社会权利体系之后，无非是复制一个较小的狭隘的权利体系去满足某个集团内部的少数支配者的权力野心。霍布斯同样看到了这种狭隘权利观念对整个社会的危害性，因此，他举出罗马人和詹姆斯一世的例子来说明：正确的权利观在处理同一个国家中不同民族之间关系的重要性。

罗马人在征服了许多民族之后，为了使人们接受他们的统治起见，往往尽他们认为必要的程度消除这种怨懑；其方式是不但将罗马人的特权赋予被征服的每一个民族全体（有时则赋予其中的主要人物），同时还称之为罗马人，甚至还请他们许多人到罗马城中担任元老院议员和要职。我国最贤哲的国王——詹姆斯王力图使他如果达成了的话，就很可能阻止了目前使这两个王国陷入悲惨境地的内战。①

---

① 霍布斯：《利维坦》，黎思复、黎廷弼译，商务印书馆，1985，第152页。

这样一种包容了更多民族的权利体系，成为现代国家的重要形式之一。特别是对于那些统治了两个及以上，以及由多种族的移民构成的国家。从这个意义上，中国的汉民族主体和美国的盎格鲁-撒克逊白人主体在自身的国家建构中所发挥的作用是一样的。越到现代，这些社会就越具有包容性。这正是多民族（或移民）国家的重要优势。霍布斯作为英格兰人没有去无视利维坦建构过程中的民族问题，更没有去鼓吹英格兰优越性，这本身对多民族共存国家的权利建构就具有理论上的积极意义。

二、自然权利说的近代起源（下）

理解自然法是把握自然权利的前提。洛克的自然法思想，从头到尾充满了强烈的现实主义行动诉求。这种诉求与英国清教的传统可谓丝丝入扣。在英国革命的历史背景下，洛克的自然法学说，将个体从宗教的戒律中置换出来，把个体感觉作为认识论的必要基础。通过一种被升华的人性观，使得整个社会共同体在一个最高意志的指挥下，井然有序，有条不紊地运转。其目的论的内核在于个体的现世诉求必然需要经历一个从个体无意识到集体有意识的过程。这与19世纪大众社会降临时，那个时代的思想家们的感受是不同的。那么，这一套自然法意味着人类社会必然遵从于一个被确定无误的序列当中，上帝扮演了立法者的角色。然而，自然法的作用和主要功能在于使个体的自我认识能够强化到服从上帝对这个世界的总体安排中。当然，是通过深入个体心灵的形式，而不是其他。在悄然排斥了外在的主观行为后，洛克的自然法可以从一种整体性的表述中，发现世界与个体的统一性。自然法的外观被内化过程隐藏起来，否则就不能解释为何有那么多的"野蛮"民族没有自然法的概念。疯子和儿童也无法理解或把握自然法的要义，所以自然法必须是一种被客观教化的结果——教育的作用不是狭义的对各种生存或生活技能的掌握，而是对整个世界的认识。这种认识发自于内心，但必须外化为理性的行为。所以洛克巧妙地将自然法与个体理性相结合，从内外两个视域构建了一个封闭的循环体：一方面对于不是每个民族、每个人都了解的自然法，要有一个神圣的起源——上帝给予的自然之光；另一方面，自然法必须有一个入世的合理表现，个体的理性行为来承担自然法存在证据的任务。所以，在给予了高度抽象的定位后，还得另外从现实的行动中，"发现"自然法的存在证据，这对于自然法的权威性是有好处的。人们总是先天的无视他们感知不到的东西，却又天然的具备对未知的恐惧心理。因此，上帝的存在提供了精神的慰藉，给予飘荡的灵魂一个实在的寄托，另一方面对生活压力的切身体验，又需要从实际出发，为个体的存续发挥主观能动性，也就是对现实世界必须有一个相对务实的态度。由此，产生的灵肉分离困扰了一代又一代宗教先知，他们必须在现实世界给予普罗大众一点可供把握的"真"，来换取对他们所推崇的最高主宰的信仰。

由此，自然法不再是书斋的产物，它是上帝关于世界的伟大蓝图，人们只要遵循上帝的计划，便能到达精神的彼岸。但是如何才能认识自然法呢？洛克提出了所谓的"自然之光"：

"如果人类能正确运用他们的自然官能，他们就可以通过自然之光获得自然法的知识。"①也就是说，自然之光不是以灵魂为媒介，而是人类的"官能"。人类的官能是人类学习和理解各种知识的前提，这种自然法当然也是广义的人类知识的一部分。所以，把握自然法就是一个学习知识的过程。那知识又是如何被人类所掌握的呢？洛克提出了三种途径，分别是"刻写""传统""感觉"。②

关于"刻写"，洛克认为："自然法不是生来即有，新生的灵魂是一块白板，其中的内容来自后来的观察和推理。"③这是因为：1.笛卡尔的天赋观念学说只是一种断言，未被证实；2.人类心灵中不可能有自然法的天然印记，因为自然法并未得到普遍遵守，甚至普遍承认；3.没有教化的原始人并不知道自然法；4.愚蠢不智的民族没有自然法的知识；5.如

---

①洛克：《自然法论文集》，刘时工译，上海三联书店，2012，第99页。

②同上。

③洛克：《自然法论文集》，刘时工译，上海三联书店，2012，第101页。

果接受天赋观念学说，则除了实践的原则以外，同样也应该在心灵中发现被刻印下的思辨原则。但是，每个人都赞同，科学的第一原理非矛盾律不是天赋的而是经验概括的结论。①

而传统"本身并非认识自然法的基本、确定的方式。因为：a.传统之间差异百出，而任何想通过考察找出其中最值得相信的传统的努力，其结果都是颠覆传统的整个权威；b.传统意味着相信而不是认识；传统更多依赖于对权威的信仰而不依赖于事实证据；c.传统的始作俑者并不比对传统一无所知的人更有资格认识自然法，因为他也必须或是在自己心灵的印记上或是通过基于感觉经验的论证来认识自然法，而这些认识方式为一切人所共有"②。

最后，洛克的结论是将感觉——感性知觉作为自然法知识的唯一真实来源。③对于自然界而言，人作为一个被造物，不是他自己创造的结果，而是上帝的意志。因为人如果能够自我创造的话，会赋予自身众多的特性，包括永生。但现实中，个体的局限性成为宗教得以存在的最大前提。正是因为个体的缺陷，才使社会得以出现，宗教得以兴旺。那么归根

---

①洛克：《自然法论文集》，刘时工译，上海三联书店，2012，第101—102页。

②洛克：《自然法论文集》，刘时工译，上海三联书店，2012，第99页。

③同上。

结底，在洛克看来，人类必然是一种外在意志的产物。那么，他如何证明自身得到了上帝的眷顾，成了万物的灵长呢？理性，人类拥有的理性将上帝的自然之光作为一种内在的因素而展现出来。这个由内而外的运动过程，即使需要教育和启发，也同样符合人类作为被造物的天赋条件。理性的潜能被用于认识上帝的意志和宏大计划——在世界的发展中构建地上天国的伟大目标。洛克不需要去单独证明上帝的存在与否，只需要将理性的外部化作为全部事实确认下来就行了。而且，他继续给出了一个推论："从作为造物主的上帝信念可以进而推出，世界是为了某种神圣的目的而被创造出来的，上帝希望人类以其天赋的行为能力完成某种作为。人类的职责分别是：敬拜上帝；利用其天然官能沉思上帝的作为，残余并维护社会生活。没有专门的必要去提醒人们，他对自身以及上帝和邻人负有责任。"[1]这种目的论需要一个现实的对应物来验证自身的必然性和神圣性，这就是为了从整个逻辑结构上，构建关于最高意志与人类社会的结合体。这个结合体不是具体的存在物，而是抽象的目标，如前所述，洛克需要自然法的存在价值与上帝的存在相适应，从而变成现实社会不可或缺的实践法则。但是自然法既然如此必要，那如何强化其存在依据就是最大的难题。而洛克也正是把上

---

[1]洛克：《自然法论文集》，刘时工译，上海三联书店，2012，第104页。

帝的计划与上帝最重要的创造物联系在一起，自然法的意义
就诞生了——为了人类实现上帝的目标而采用的必然法则。
而且，在对自然法存在意义的强化过程中，任何一个空洞的
概念都会削弱其价值，所以，对于人最重要的理性——与愚
昧和疯狂的对立面必须被绝对树立起来。理性必然是绝对理
性，它同时关系到上帝存在的证据——这"不是"一个疯狂
的世界，和自然法存在的依据——通往未来伟大目标的道路
上有"法"可依。这种论证技巧使得人们在接受自己不是
"蠢货"和"疯子"，即具备一个理性人的基本特征的前提
下，必须接受理性的提供者以及使用方法。从而，在实现了
自然法自身的合理化结构之后，理性必然被提高到空前绝后
的程度来实现对个体和社会整体所有行为的诠释——凡是理
性的，就是可解释的；凡是不可解释的，就是非理性的。

因此，就洛克对自然法所下的整个定义来看，决定其自
然法的不是上帝本身，上帝不直接干预人类社会，而是人类
自身的理性。在这里，理性可以作为自然权利的最基本的前
提，只要理性存在，理性人必然存在，那么在此基础上探讨
各种社会权利——自然权利之下——就拥有了较为客观的外
部条件。通过前面的论证，一个合理化的社会，不是一个彻
底祛魅的社会，而是权利关系被理性化运作的社会。这就是
洛克自然法的逻辑结果。但是，仅仅是"具备"理性还不能
从根本上解释或解决洛克面对的各种社会问题，哲学分析不
仅要解释世界，还要解决疑难。它必须有自己的合理归宿来

引导更多的人对之产生信赖。所以，在自然法形成权利关系的事实之后，就需要有进一步的行动来为自然法的必然性提供依据。"人能感知到他有一个敏锐的心灵，配备了理性和知识，据有多方面才能，能成就任何事；他还能感知到他有一个身体，机敏灵活，听从灵魂的指挥。人们不会相信，一个最具智慧的创造者把所有这些赋予人类只是为了让他无所事事，他配备了所有这些功能的目的只在于虚耗光阴，闲散度日。"[1]如此一来，上帝的目的论通过这种逻辑建构的过程，被下降到凡世——历经了几万年的人类社会变迁，而永远存在的关于"存在"本身的话题：到底如何活着才是正当的。权利关系被小心翼翼地隐藏到行动的背后，只有在行动中，才能实践上帝的伟大计划，才拥有了相关的权利资格。这种外化的权利被当作与上帝之间的契约，并作为加尔文"预定论"的重要内容，在洛克之前就被融合在了改革派的教义之中。能够行动与有权行动之间不再存在着不可逾越的鸿沟，在不断地对上帝计划的履行中，每个信仰者，都能够找到自己的答案，并充当了不自觉的历史工具。

即使是工具，在行动过程中，也会最大限度地体现其参与价值，而这对于权利的自我证明又是必不可少的。没有行动就没有实现权利本身的存在意义，那么社会共同体的存续

---

[1]洛克：《自然法论文集》，刘时工译，上海三联书店，2012，第136页。

即是一个伪命题。规则在向权利的转换过程中，被理性所实践，这就是自然法最后能够等同于自然权利的根本原因之一。反过来，既然可以通过理性实践权利，那么自然法也同样要对个体行为施加限制，不能让一个所谓的，遵守自然法的人为所欲为而破坏自然法本身，也就是对权利关系的破坏。洛克就此指出了自然法对人产生约束力，亦即自然权利关系的基本特点：

　　首先，自然法的约束力是永恒的，也就是说，对于任何一个人，任何时候违反自然法的教导都是不合法的；这里没有旧王已死新王未立的空置期，在这一王国中没有自由或破格的农神节假日。这一法则的约束是永恒的，它与人类相始终。当然不能把这一持久约束力想象为人们任何时候都服从自然法提出的每一要求。这是不可能的，因为一个人没有能力同时完成不同的行为，就像人不能分身一样，他也不能同时完成几个责任。同样，我们是在自然法则不会也不可能要求一个人去做一件他没有义务去做的事的意义上说自然的约束力是永恒的。尽管行为的时间和条件常常改变，但法则的约束力从不改变。我们常常停下依照法则的行为，但我们不能做违背法则的事。生命的旅途中允许休息，但不允许迷路。①

---

①洛克：《自然法论文集》，刘时工译，上海三联书店，2012，第153页。

　　自然权利的永恒性使其在近代以后难以适应工业化大生产带来的异化问题，工人作为流水生产线上的附庸，士兵作为国家战争机器上的零部件，很难自我意识到自然赋予的那种独立性，这种独立性恰是自然权利的根本基础。越是在近代社会，越是使人在不断征服自然和技术发明的过程中发现个人的渺小与羸弱，这无论如何都不可能用于解释近代人文主义对人的定义。那种无限的尊崇感并没有从上帝的圣座降临到人间，如果有什么可以进行批判的话，那就只有一种体系化的尝试：对以人为中心的整个世界的总体解释。

三、体系化的尝试

　　法国大革命的爆发验证了一种启蒙运动早期就逐渐强化的关于个体权利的学说。学说本身的指向性，在封建制残余的瓦解中得到了证明。个体权利意识的觉醒直接拉开了传统社会与近代社会之间的距离，新的时代就这样来临了。在大革命的演变阶段，即从制宪会议到雅各宾派上台，关于个体权利的伸张，直接决定了路易十六的命运。这种越来越加速的革命进程，是对外来干涉和内部叛乱激化的剧烈反应。在这个过程中，我们可以看到的不是人权的扩大，而是萎缩，在恐怖统治中，个体被视为一种潜在的犯罪嫌疑人或可以直接称之为"死刑犯"——个体生存权的丧失并没有一个渐进的过程，而是一个突发的革命，是法国与内外敌人进行关乎生死存亡的斗争的结果。我们只有分析了启蒙时代思想者的思想，才能理解人权和公民权是如何化为乌有的。

作为启蒙时代的伟大思想家，霍尔巴赫从自然的体系出发，构建了新型的权利体系。在被称为神权统治的社会中，神—人关系被教会的教士—信徒关系所僭夺。这种替换在教会封建化之后得以实现，马丁·路德和加尔文的改革运动也正是从教权的批判出发，建构新的资本主义新教权关系。法国的启蒙者们首先要着手处理的也正是人从神的束缚中退出，神从人的社会关系中"远离"的双向撤退机制。那么如何实现这种理论上的撤出？必须先从最为本源的问题入手：在人作为自然之子"突变"成上帝之子的时候，谁见证了转变的发生？教会借助《圣经》的教条化通过各种手段，不论是经济的还是政治的，实现了自我的世俗化，从而变成了剥削者而不是引导者。先知的时代早已过去，欧洲的基督徒们面对的主要是教会系统中的腐败分子，所以革命早在16世纪就开始在灾难深重的德意志爆发。两个世纪后，法国人通过启蒙的反思，在思想领域对传统的基督教神权展开了全面批判，这正是思想近代化的开端。虽然比哥伦布发现美洲晚了两百年，但是，它极大地促进了个体思想的解放。一个人是否应该有信仰是一回事，但利用所谓的"信仰"去束缚人性又是另外一回事。霍尔巴赫从自然之子的角度开始了对上帝之子的批判，这正是他成为启蒙主义战士的第一场战斗。在《自然的体系》开篇，他就开门见山：

当人们抛弃经验而去追求由想象产生的一些体系时，便会永远陷于错误。人是自然的产物，存在于自然之中，服从自然的法则，不能超越自然，就是在思维中也不能走出自然；人的精神想冲到有形的世界范围之前乃是徒然的空想，它是永远被迫要回到这个世界里来的。由自然形成并且被自然限定的东西，一点也不生存于大的整体之前，它是这个大整体的一部分，并且受整体的影响；人们设想的那些超乎自然或与自然有别的东西，往往是些虚幻的事物，我们永远不可能对这些虚幻的事物形成真实观念，也不可能对它们占有的地方和它们的行动方式形成真实观念。在包容一切的这个圈子之前，什么也不存在，什么也不能有。①

这一论断，将上帝直接排除在了造物主的范畴之外，自然成为新的上帝。或者说，霍尔巴赫不需要这个假设，直接将人重新放置在自然秩序中的一个适当的位置上。人的思想意识与其肉身一样，统统属于他的造物者。所以，在最初的阶段，人必须认识到自身的来源，并且能够归属到这一来源的所有的范畴之内，不能有所超越。这也是从认识论上，将个体置于一个他所能够认知和把握的环节中，而不是脱离实在去寻找另外的意义和价值。当然，为了能在一个较高的层次

①霍尔巴赫：《自然的体系（上卷）》，管士滨译，商务印书馆，2009，第3页。

上体现人与其他自然造物的不同，人在认识领域之内需要有一种区别于其他自然界之物的存在，这便是人的自由意志。

但是，在一开始，人无法认识到自己的自然属性与上帝造物之间的区别与联系，所以必须有一个经历了种种痛苦、磨难的探索过程。在这个过程中，自由被窒息到无法察觉的地步，但依然潜藏在人的自然属性之中。

由于不认识自己的本性、倾向、需要和权利，人在社会中才失去自由而沦为奴隶。他不认识自己内心的欲求，或是信以为为了他的首领们的任性而必须窒息这些欲求，牺牲自己的幸福。他不知道结社和政府的目的；他无保留地屈服于一些和他一样的人，他的成见使他把这些人视为高人一等，是地上的神明，这些人便利用他的错误去奴役他，败坏他，使他成为卑贱可怜。看来，人类所以陷于奴役和恶劣统治，就因为不认识自己的本性。[1]

人的本性由于不能自知，导致了自身的奴役状态，那么人与神之间的权利关系，立即蜕变到人与人之间的权利关系，只是高人一等的人成为主人取得了神的地位。这就是自由的丧失乃是权利关系恶化的极端表现，人与人之间的不平

---

①霍尔巴赫：《自然的体系（上卷）》，管士滨译，商务印书馆，2009，第7页。

等，首先被制度化了。然后，主人借助于制度继续强化这种不平等状态，权利关系倾斜到无以复加的地步。特别是在神权统治中，人同时成了政权和神权的双重奴隶。这种制度性异化过程，可以说一直延续至今。每一个社会中，都有信仰固化与制度性奴役的双重结合。而且没有一个社会能够同时打破这种精神与世俗的联合统治。霍尔巴赫希望从自然的本源中找到人生而自由的证据，然而，他发现，即使人生而自由，也必须服从于自然的统治，这种控制表现于人的肉身像自然界的所有物种一样都会死亡且腐朽，因此，人出于自然而归于自然。那么所谓的自由只能体现于他所在的社会状态。社会关系通过各种权利实现了外化，每个人都可以找到他在社会中的"地位"，地位高低的表现之一就是"权利的多少"。自然之子仍然不是绝对自由的，但至少可以在自我意志的支配下，实现个体的基本权利。

因此，自我意志的实现或者叫现实化，可以视为人从自然体系暂时过渡到自由的体系。在他短暂、有限的一生中，他可以用自我意志来完成自己的目标、实现自己的心愿、展示自我的价值。也唯有如此，自由作为一种权利才得到了表现的机会，人在自由权利之下由"自然之子"转变为"自我之子"。

人，作为附属于一个大全体的一部分，不能不感受全体的影响。要自由，那么，他就必须自己一人比整个自然还要强大，不然他就必须处在这个自然之外，而自然，本身永远在活动，也强迫它所包括的一切存在物活动和协力它的总的活动，或者像我们在别处说过的，自然强迫一切存在物由于服从一些固定的、永恒的、不变法则的特殊能力而产生种种动作或运动，来保持它的活动的生命。因此，人要自由，就必须让一切存在物为了他而丧失自己的本质，他必须不再有物理的感性，也不再知善恶、快乐和痛苦。但是，这样一来，他就既不能保存自己，也不能使自己的生存幸福；一切存在物对他都变成无可无不可的，他不再有所选择，也没有什么应该爱或应该怕、应该追寻或应该逃避的东西了。一句话，人将是一个扭曲了本性的存在物，或是全然不能按照我们对他认识的那种方式去活动的一个存在物了。①

人自身挣脱了神的束缚而进入到自由体系中，但却因为自由的绝对性导致了必然的扭曲。即，人的存在本身就是一个极端矛盾的产物，而自由意志就是其根源。在个体获取绝对自由权利时，自由的状态便是有权做任何事的状态，但是这同时意味着人与人之间的绝对权利必然造成无限制的冲突。个体无法接受自我在生存中的局限性，他就会不断地寻求权利的合法依据并迫使他人接受自我的意志，正如在作为神之子时，他必须接受神的意志一样。或者在人看来，动物

---

① 霍尔巴赫：《自然的体系（上卷）》，管士滨译，商务印书馆，2009，第156页。

必须接受自然的意志。如此，个体的自我突破使得一切权利成为冲突的同位体，获取权利就是赢得冲突。最后，无限自由必然导致人与人之间权利关系的瓦解，每个人既是自我的主人又是自我奴隶。霍尔巴赫借由意志这个概念实现了自由的内化，这一项最为珍贵的权利不再是被外部赐予的，既非上帝，亦非自然的恩赐，而是人类自己的特权。自由意志将循着自然的法则向外扩张人的力量，从而证明人的绝对性。但是由于仍然要在事物法则的最后产生终止行为——死亡，所以，个体在回归自然之前，可以被当作是完全自由的存在，即自我意志的载体。意志提供了权利施展的可能性，这种可能是无限的，但是在一开始便被肉身束缚在自然给定的范围内。他不能过度地使用意志的好处，这也就成为矛盾统一体的基本特征。"所以，人可以停止受强制，但并不因此就是自由的，不管他以什么方式活动，他必然是依据决定他的种种动因而活动。"①外部的强制性继续强化了对自我的意识，这种意识同样立足于个人意志之上。但是人却在不断地被强制状态中，强化了与外部世界的对立，这就是人在倒霉时总感觉"整个世界都在与他作对"。那么，没有任何一种情况可以允许自然之子彻底转化为自由之子，这就是在摆脱了神权之后上帝之子的处境。权利关系实际上并没有发生变

---

①霍尔巴赫：《自然的体系（上卷）》，管士滨译，商务印书馆，2009，第171页。

更：从上帝到自然再到他人。个体在任何权利关系中始终处于被动状态，这成为所有时代病的共同根源。

苏格拉底，这个有德而服从国法（即使不公正）的人，不愿从那为他敞开着大门的狱中逃走，但他在这件事情上也不是自由行动的；因为舆论、尊严、对于即使是不公正的法律的尊重、唯恐玷污自己名誉等等，这些无形的锁链把他留在监狱里，它们就是对于这个热衷于德行的人的十分有力的一些动因，足以使他安静地等待着死亡；他不能够逃走，因为他不能决意丝毫背叛他的精神早已习惯了的那些原则。①

束缚苏格拉底的那数十种无形锁链，同样束缚着我们所有人，很多时候，只是换了个形式，而束缚的本质没有变化，可以说，每个人都是他所处环境的囚徒。在绝望和希望的交替折磨下，人渐渐地脱离自然的性状开始了社会化的伟大过渡。这个伟大不属于任何一个个体，只属于冥冥之中的那个无形的造物者，它既可以是上帝，也可以是自然，当然可以给它取任何名字，冠以任何称呼，反正没人能够逃离它的掌控。社会状态通过权利链条将所有人捆绑在一起，这也是社会化的最显著的特征。用塞涅卡的话说就是："不管你

---

①霍尔巴赫：《自然的体系（上卷）》，管士滨译，商务印书馆，2009，第171页。

愿不愿意，命运总是支配着你。"如此，因果律的背后便是对事实本身的认定，而不是提出先验的结论，理性在这种条件下不能扮演"自然之光"（洛克）的角色。

世界上发生的一切事变，十分明显地向我们证明：世界不是由有理性的存在物治理的。我们只有根据某种存在物所采取的手段有多少适应于被提出来的目的，才能判断这种存在物是否具有理性。①

理性不具有绝对地位这是一个重要的前提，在对自然法则或者说自然权利进行全方位的分析时，一定不能在潜意识里接受理性的绝对主导作用。对理性的功能化批判在尼采那里和在霍尔巴赫这里同样有效，因为二者的时代虽然相隔遥远，但是包括他们两人在内的很多思想家都认识到了理性自身的局限性，特别是不能用理性简单地取代上帝的位置。这与其说是思想史的一个进步，不如说是他们对个体权利的深入认识：人总会在不知不觉中迷失自我，失去对自身的权利。由于对个体的自我主导权的丧失会如此轻而易举，所以世界上形形色色的暴政（家庭暴力是一种微型暴政）才会层出不穷。可能暴政发生时，主导者和被支配者都没有清楚地

---

①霍尔巴赫：《健全的思想》，王荫庭译，商务印书馆，2009，第43页。

意识到，到底发生了什么！个人对集体生活的高度依赖，让我们看到了宫廷舞会和教堂礼拜那壮观和神秘兼有的情形，这没有什么不好理解，个人依托他人，人人相互依赖才能形成对个体灵魂的慰藉——他会在潜意识中告诉自己："我不是孤独的。"集体主义的强大感召力可以轻易地要求一切人放弃个人的所有权利，权利意识被集中到一个单一的层面上去发挥作用。所以集体的主导者成了统治者，他可能手中从来都没有握着刀或枪，但却可以对手下的人任意发号施令。个体权利的丧失同时伴随着理性的消解，人们似乎一直在运用自己的理性行事，却总是在被无形地支配，这种理性与权利的脱离把理性瞬间排挤到一个极为次要的位置上去了。

自古以来宗教的唯一作用就在于：它束缚了人的理性，使它无法认识人的一切正确的社会关系，真正的义务和实在的利益。只有驱散宗教的烟雾和怪影，我们才会发现真理、理性和道德的泉源和应当促使我们为善的实际动机。……我们要继我们一位著名的当代人士（即波林格勃罗克勋爵，见他的遗著）之后重复说："神学——这是一口潘多拉的箱子；如果不可能把它锁起来，也必须要发出警告，这口不祥的箱子打开了。"①

---

① 霍尔巴赫：《健全的思想》，王荫庭译，商务印书馆，2009，第213—214页。

宗教与理性的对立，在启蒙主义那里被视为人类进步的绊脚石，为了实现理性的独立和自主，必须在最大限度内破除宗教对个人或人性的种种束缚。但是破除了宗教的束缚，就等同于同时取消了其内在的规范性——哪怕是充满迷信和荒谬的繁文缛节。此时，就需要另一套制度规范来维护人的权利。这就是法律。

一切法律，无论自然法也好，或公民法也好，都是允许一些行为而又禁止另一些行为。法律允许的东西就是人的权利。所以，权利就是自然法和社会法所同意实现的一切可能性。自然赋予的权利是永恒的和不可剥夺的。社会产生的权利可能是短时性的，并且会随着该社会生活条件的变化而改变。它们只有在适合千古不易的公道原则的时候，才能长期稳定不变。①

法律与人的权利在法律的内在要求中得到了统一，只有法律才能真正反映人的利益诉求或生活需求的本质性内容。权利的各种可能性就被法律牢牢地固定住，这又同时符合了自由的有限性原则。那么启蒙主义者通过法律将自然与权利实现了对接，从而在一个社会共同体内巩固了权利关系的利

---

①霍尔巴赫：《自然政治论》，陈太先、眭茂译，商务印书馆，2009，第31页。

益基础。

我们由于理性之光的引导，进步到了能够解释权力起源的程度。这时候我们深信：权力的真正基础是公道；权力的使命是把人们的利益统一起来，它的威力也就恰好包含在其中了；人们的幸福是哪一个政府都永远不应忽视的目标；这种幸福只有依靠道德才能得到。任何人都不会无条件地放弃自己天赋的独立地位。我们同意服从别人的意志，只因为希望这样做得到的利益，大于按自己意志去做所得到的利益。公民之所以听从法律、公共意志和最高权力，只是希望这样做比按他们个人的企图和幻想去做能够使他们更可靠地获得长久的幸福，而按个人企图和幻想去做，反而常常事与愿违。①

社会内在的差异性构成了权利不平等的实际基础，只有在这种不平等的范畴内才可能看出人与人之间的权利关系，将沿着怎样的方式演进。按照不同的职业和技能划分的社会结构，将社会成员固化为不同的阶层，他们在阶层内部的分工不会更好地维护自身的权利，只会在其他利益集团的推动下——这种推动力来自对利益的贪求——发生自我认知上的

---

① 霍尔巴赫：《自然政治论》，陈太先、眭茂译，商务印书馆，2009，第43页。

异化。权利主体在职业分工中已经意识不到自身还具有哪些权利，随着分工的细化，一个人必须无条件地与其他人合作才能施展自己的才能。那么谁才是真正的主导者？这个问题会将整个资本主义的生产模式中演化出来的权利定位区别为横向的诸多团块——这不是对阶层的取消而是对不平等的模糊化处理。取消资本家和取消劳动者同样荒谬，因为资本本身成了权利主体，而资本家反而成了代理者，他在竞争过程中，并不具有绝对优势，他可以在任何危机中被同行取代，身败名裂。所以，在前资本主义时代，霍尔巴赫以及其他思想家们并不是没有看到这种潜在的竞争关系存在，只是想通过一个外在于社会生产活动的主体（主权者、政府、君主等等）来代表整个社会担负权利的主体责任。在这一状态下，权利与义务是完全对等的：君主享有统治社会的权利，他就有保护社会的义务。社会成员通过劳动来实现自我生存的价值，并以此换取君主对于社会共同体的保护，这种权利关系的主体同时包含了君主和臣民双方，其他社会也不例外。然而，对于历史的研究，各种材料反复证明了权利剥夺的自由性。在很多专制社会中，臣民可能在一夜之间，因为违法犯罪，或仅是冒犯了君主本人，而失去了一切财产权，甚至生命。那么在何种情况下，才能将生命权和财产权视为理所应当的由君主或主权代理人绝对保护的对象呢？社会内部的权利关系如何才能让每个人都能在一般意义的和平状态下安心地投身于自己的劳动，以满足自身的生存和发展需要呢？

由自然造成的不平等与社会导致的不平等经常叠加在一些"时运不济、命途多舛"的人身上，这种状况的始作俑者不能简单地归诸为社会的生存环境恶化——这仿佛是可以虚构出一种历史上并不存在的黄金时代似的。将历史进行简单的、大而化之的对比，然后再对着一群倒霉的或长期生活在社会底层的人悲天悯人，是对历史的无知和对现实的不负责任。社会权利体系的建构必然需要将各种社会成员都作为前提考虑进来，而不是在一部分人的慈悲心发作时，才看到世界的黑暗面。慈善活动应当是一种对社会权利关系的补充机制，而不是长效机制。根源性问题的存在，即权利不平等现象的存在成为一种对"黄金时代"的梦幻映射。人们一直寄希望于过去美好时光的重现——虽然没有一部历史教科书敢断言这种时代存在过，但现实状况是大多数受过一定教育的人居然在生活的磨难中能够幻化出这么一种乌托邦意象，且寄托在所有有可能成为"救世主"的人身上。民众对"黄金往昔"的保守主义态度强大到能使任何一个改革派政治家步履维艰，难以推行对社会的有效改良。面向未来之路是何等的艰辛，以至于大多数人都希望按照成熟的"经验"办事，直到变革或死亡降临。

所以，在提供解决方案时，再奇幻的想法都不为过，只要你愿意去大胆设想。霍尔巴赫认为劳动互助能够平衡社会不平等的影响，并通过一个睿智的君主使整个社会都能共享幸福：

如果说是臣民对国家的贡献造成他们之间的不平等，那么这种不平等会因为他们彼此间同样需要互相帮助而得到均衡。因此在一个组织良好的社会里，任何一个人只要他真正对社会有益，就不会受到轻视；任何一个公民只要他履行自己的社会地位相适应的职责，就会受到社会的重视。

毫无疑问，如果国王勤于政事使整个社会得福，那么他就是公民之中最有贡献的人。国王为社会作出的特殊贡献、他的才智、他的洞察力和他的警惕性是国王所以伟大的基础。为社会出力最大最多的人在臣民中享受最大的尊敬。一切社会成员只要忠于职责，促进公共福利，就会受到社会重视：社会的本性就是如此。①

这种幸福的共同体当然不可能在霍尔巴赫的时代实现，否则就不需要大革命了（就算有了大革命，也没有实现）。但是霍尔巴赫提出的却是一个被无数人期待且给予了千百种药方的命题——社会治理的上下互动。只要是有权力存在的地方，权利就会被切割和剥夺。在18世纪的法国和普鲁士没有什么本质的不同，唯一的变化就是，法国发生了革命，并且扩展到整个欧洲。但是雅各宾派的政治实践给法国民众上了一节关于乌托邦的恐怖主义课程，无数无辜之人的鲜血写

①霍尔巴赫：《自然政治论》，陈太先、眭茂译，商务印书馆，2009，第141—142页。

就的革命教材最后在19世纪30年代回到了革命的起点。立宪君主制或许并没有什么创新之处，因为在海峡对岸一直实现着，但是却留下了足够的想象空间去谋划一个关于伟大的传奇——拿破仑的名号把他的侄子推上了法兰西的王座，历史似乎重演了。关于绝对君主的权利神话必须通过第二次中欧对抗才能终结，但是后来的共和国并没有再赓续黎塞留、路易十四和拿破仑的传奇。这并不是历史的讽刺，这是一出一个民族的历史悲剧。在第二次世界大战中，法国并没有失去得更多，只不过平庸的共和国和它的不怎么出色的领导人再也不能贡献关于历史的丰富想象。每当我们去书写20世纪的现代史时，历史的重心便远离了巴黎。霍尔巴赫对法国社会的设计不是为了彰显一个君主制国家的伟大，他本身是为了"社会整体"的利益。在切割了国王、人民代表、人民之后，权利的主体慢慢地呈现出多元化的趋势，在历史的长河里几番浮沉留下的全是对"过去"的回忆。历史的实践性不能容许空想随随便便的成为现实，在剧烈的社会变化中权利关系的颠覆是社会实现自我更新的基本途径。这种变化立足于传统在当下的时代能够改进的程度，既不完全取消自身的合理性，又能够容纳新的社会力量，从而实现传统与现代的权利平衡。法国大革命并不是按照启蒙思想家的剧本来上演的，它具有自己的内在逻辑，这种逻辑将罗伯斯庇尔和拿破仑都推上了历史的巅峰，然后再将之推下万丈深渊。唯一没有发生变化的是法国的民族性，也就是它的国有传统。社会内部的权利运作与历史进程中的外在表现经常表现为高度的不一致性，后者的精彩离奇、变化万端使得历史学家首先感到迷惑，然后各种纷繁复杂的细节又一再重击各种按照逻辑推导的结论。不论结论如何符合大众的胃口，他们都没有时间去多看一眼，政治家的选票和政客们的私利来不及将历史教训作为参照物去研究社会发展的既定逻辑——如果存在这种逻辑的话。1848年之后，路易·波拿巴的法国与国际工运领导者眼中的法国是不是同一个法国，这是值得深思的。

当然，对于抽象理论的论述还不足以使得思想转化为行动，霍尔巴赫自然提出了他的解决方案。对社会治理过程的深层切分有助于认识到每个不同的社会阶层及其职业特点将使权利关系表现为何种形式。固有的社会各阶层都成为自身利益的追求者，这就需要创造出一个能够超出各种利益之上的主导者来实现社会权利的有序运作。

在启蒙思想家眼中，普通的民众基本不具有正确行使权利的能力，否则，就不会有专制暴政了。所以权利必须得从民众手里集中到人民的代表手中，这种权利中介行为产生了相关的国家机构——议会。"在政府组织得合理的情况下，人民便会有议会或议院这种代表机构。议院的使命就是防止滥用最高权力，如果可以这么说的话，议院就仿佛是人民与国王之间的一种适当的中介物。"①

---

①霍尔巴赫：《自然政治论》，陈太先、眭茂译，商务印书馆，2009，第144页。

社会的权利体系在建构过程中，表现为各种制度，制度之间的衔接需要像扣子与扣眼那样对应，成为一个有序化的整体。但是随着社会的发展，扣子错位的情况越来越严重：衣服似乎没有什么不妥，但扣错了位置可能需要全盘调整。霍尔巴赫对专制权力的批判正在于专制制度提供了一套根本扣不对的制度体系。从根源上违反人性的制度何以能够在人类社会发展史上长期存在固然是一个可供持久讨论的话题，但17世纪以来的西方政治实践似乎在重申古老权利的同时，也不断地自我改进，使得社会权利持续地适应商业发展。这只是从经济社会学的一个着眼点。在一个更大的视域内，自由主义在西欧的近代实践同时伴随着对世界其他地区的殖民统治和残酷压榨，骇人听闻的奴隶制遍布全球。一个不断吞噬世界财富的欧洲和贫穷落后、分崩离析的非欧洲社会构成了19世纪末的残酷画面。这是18世纪的启蒙思想家们看不到的，或者说在殖民主义已经发展了一个多世纪后，欧洲的启蒙思想家部分地屏蔽了非欧洲地区由欧洲殖民统治导致的深重苦难。这种场景规避，不能免除思想史中的不道德与不负责。虽然不能过分苛求那个世纪中西欧思想家考虑范围的广泛性，但是，在今天必须要对每个时代的政治思想做一番深刻的检讨，才能不辜负对真理追求的思想责任。

在专制政府统治下，暴力不知不觉地变成了权利，不法行为司空见惯就不再使人们觉得骇人听闻了。人们的社会地位不平等到头来就会使大家深信：在这个世界上大人物什么都可以做；小人物什么也不准做，甚至连埋怨自己命运的权利也没有。①

西方近代权利学说可能只是关于善的谎言。从来就没有关于权利的统一标准，即使存在也只是20世纪以来的对虚构概念的再整合。所以并不存在所谓的"理性的毁灭"。理性和非理性同时存在，只不过，现实的需求压垮了理性的内在束缚，在纳粹德国关于权利的各种虚构的概念被另一类虚构的概念代替罢了。随着法西斯集团的战败，现实无法为这些极端的概念提供必要的基础，他们就被置换为西方传统的权利话语，从这个角度看，法西斯国家又走上了正确的轨道。这里并不是要置各种神圣权利于不可知的境地，而是要了解其发生的来龙去脉。当人工智能开始统治人类，自然会产生出一套人工智能与人类之间的权利规范。正如纳粹的高压统治一样，当它存在时，它必然有一套看似合理的权利学说，不论被统治者认可与否，理论的合理化不需要逻辑上的严密性——没有哪一款理论是无懈可击的，它只需要理论的合法性——以强大的国家暴力为基础。人工智能的暴力统治在电影《黑客帝国》里表现得异常清晰：攻打"锡安"（电影中

①霍尔巴赫：《自然政治论》，陈太先、眭茂译，商务印书馆，2009，第224页。

的人类修建的地底堡垒）的机械章鱼大军，使人类毫无胜算。因此，所谓的权利体系并非立足于"善良""德行""正义"，而是暴力强制下的少数人统治的合理化——只要避免人人皆输的局面即可。

第六章　权利发生说的文学叙事

一、乌托邦

莫尔在《乌托邦》中塑造了一个全新的世界，这个世界以刚刚发现的新大陆为蓝本，在这里，莫尔将自己的政治理念塑造成一种寓言。在寓言中，他建构了一个关于个人信仰与新社会理念的幻想之国。乌托邦的世界成为后世许多政治预言家和政治哲学家阐发关于新社会建构理论的最初的灵感或灵感的原型。乌托邦主义成了空想社会主义的代名词。

那么，在资产阶级社会即将突破封建社会的桎梏而降临到人间时，究竟采用哪一种理论学说或者确定哪一种理念作为国家或政府建立的根本原则，这实际上是未知的。而关于新社会蓝图的描画，只是对其理念的外部写意。其本质上是要通过理念的建构来发掘出关于人生存的基本权利。但是，这只是作为那个时代关于社会建构的所有权利原则中的一种。在当时的历史条件下，即使抛开所谓的历史局限性规律，莫尔也很难找到通往新社会的权利之路。于是，脑海里的理想构图在一定程度上掩盖了其思想的光芒。乌托邦人的生活终究没有脱离莫尔这位虔诚的天主教信徒自身关于上帝之城的渴望。乌托邦的城市生活只是16世纪英国城市生活——那种刚刚脱离了自然经济束缚，向着商品经济，逐渐转型中的样态。莫尔在书中对于商品交易原则的否定，尤其是对金钱至上原则的批判，让我们看到了地理大发现带来的商业革命和货币革命对脱胎于中世纪的半神权半君权下的社会生活的深刻冲击。修道院外带田园牧歌式的信徒共同体开始向商品经济顶礼膜拜，那么从中诞生出来的必然是一种逐渐走向祛魅的世俗化生活和权利意识。这种权利的发生，将逐步告别君权神授的窠臼，而来自个体对自然与社会运行状态的认知。在莫尔之前，哥白尼的天文学革命已经冲击了基督教的宇宙观。莫尔并没有固守旧有的权利学说，但是，他也并不像单纯地引导人类走向新世界，他只是觉得社会变化带来的道德危机，严重地冲击了原有的信仰体系，那么，在新的商品经济时代，如果过一种更加理性且充满道德感的生活，就不是简简单单地创造出一种新的权利模式，而是重新唤起社会生活中旧有的美德，权利即使不是来自上帝，也不妨碍从社会美德中提炼出一种共识。将纯粹的道德感注入一种认真而严肃的宗教，其内在的逻辑就是从宗教原则与哲学的理性的结合点上引申出关于真正幸福或灵魂不灭等莫尔眼中的基本概念。人生来就希望能追求或获得幸福，但在乌托邦人这里，他们实现上述目标的秘诀就是"遵循自然的指导"。乌托邦理念所饱含的仍然是一种清教徒似的冷酷的温情，他依然把个人权利置于宗教之中，或者说还不能完全地脱离古老的神权学说，不论他对此寄予了怎样的希望，乌托邦权利的来源沾染了强烈的英国历史传统的色彩，乌托邦国家的诞生是一位所谓的乌托普王征服的结果，甚至是他改变了乌托邦人的生活习惯，这不禁使人想起英国历史上著名的"诺曼征服"以及上溯到更远的"盎格鲁西迁"和"罗马征服"。这座古不列颠人的岛屿，其文明和社会的变迁，可以说都是一系列征服推进的结果。对于莫尔而言，他仍然在《乌托邦》中残留着征服作为权利创生的线索。那么在这一个得天独厚的岛屿世界中，这幅近似于柏拉图"亚特兰蒂斯"神话的理想国，其最终的归宿仍然是一座囊括社会共同体的巨型修道院。在莫尔眼中，人类身上沾染的那些恶习，乃至对所谓的荣誉的看法，都被这座岛国上的民众纯洁的心灵净化了。只是《乌托邦》终究不是一篇神学作品。

"美观、矫健、轻捷，这些是乌托邦人视为来自大自然的特殊的令人愉快的礼品而高兴地加以珍视。甚至按大自然意旨为人类所独有的耳眼鼻之乐，他们也去追求，将其作为生活中的愉快的调味品。但是人们对这一切订出这样的限制：不因小快乐而妨碍大快乐，不因快乐而引起痛苦后果。乌托邦人认为：低级快乐一定带来痛苦后果。"那么在追求权利的过程中，乌托邦人所能作为权利来源标准的除了宗教、哲学和征服以外，更主要的是，对于现世的德行及快乐的看法，因为这些东西构成了后来资本主义幸福观的主要内容。乌托邦人认为，他们对于德行及快乐的看法已经达到了人类理智的最高端，除非有新的天赐宗教能够给予他们一个更加神圣的见解。然而，对于乌托邦人的上述见解，莫尔并不准备予以评价。①他似乎默认上述原则是一种天赐的道德，只需要将这种道德观转化成道德感运用于社会。而乌托邦的道德观与一般意义上的基督教道德并无二致，只不过在一个更加广大的范围内，使人们能够从心底愿意接受这种普遍的观念。

莫尔其实是悄然地将他心中的道德律通过乌托邦人的嘴说出来，讲给现世的民众听。这种道德说教在实践中其实并不招人喜欢，它的宣传价值大于实际意义。因为没有人会在一个从来没有发现过的虚拟社会中纠结这种道德的实际价值。所以，莫尔在这里不是想表达一种普遍化的伦理价值，而是为乌托邦人的权利寻找一个可靠的立足点，即道德的权利化。自然法意义下的自然权利来自基督教上帝自中世纪之后的衰退——但丁、伊拉斯莫开启的人文主义运动，必然冲击了往时的宗教权威，这种来自意识形态的价值权威的崩

---

①托马斯·莫尔：《乌托邦》，戴镏龄译，商务印书馆，1982，第81页。

塌，并没有即时唤醒整个社会，反而是15世纪末期以来的地理大发现，将整个世界推入到紧张的思想冲突之中，没有人知道新的世界会给旧世界的人类带来什么。因此，乌托邦的时代性使其必然要扮演旧道德的"现代布道者"的角色，莫尔希望这种存在于基督教经典语境中的旧道德能够起死回生，但是这种布道活动被包裹在大航海时代的文学叙事中："凡到来观光的旅客，如果才智出众或是具有长期游历而熟悉许多国家的经验，一定受到乌托邦人的热情洋溢的欢迎，他们乐于倾听世界各地发生的事。"①那个乐于倾听世界各地发生的故事的人并不是乌托邦人，而是莫尔本人。这就是人文主义的文化相对主义特征在乌托邦国家的表现——莫尔将个人的人文主义情怀寄宿于此。

于是，反对奴隶制度——与基督教理念相背离的制度就成为莫尔的另一个诉求："凡非乌托邦人作战中亲自擒获的战俘、奴隶的小孩以及他们从外国取得的处于奴役地位的人，在乌托邦都不被当做奴隶。"②人权的理念作为个体权利和整体权利的重要原则，对于莫尔而言并不陌生，他不需要经过特别的思想转变来实践关于上帝面前人人平等的价值。因此，个体权利的一个重要表现就是没有人因为非特殊情形

①托马斯·莫尔：《乌托邦》，戴镏龄译，商务印书馆，1982，第86页。

②托马斯·莫尔：《乌托邦》，戴镏龄译，商务印书馆，1982，第87页。

（下文即将讲到）成为其他人的奴隶，或个人的独立性并不受到一般意义上的奴役与妨碍。乌托邦并非没有奴隶，只不过它属于以下两种情况："他们的奴隶分两类，一类是因在本国犯重罪以致罚充奴隶，另一类是在别国曾因罪判处死刑的犯人。多数奴隶属第二类。他们获得了很大的一批：有时是廉价买来的，更有时是不花钱要来的。这般奴隶不但不断要做工，而且上了链。"①所以说，乌托邦的奴隶与其说是古典意义上的无权利者，不如说是近代意义上的"罪犯"。这种对于人身的支配理念在莫尔那里是以不侵犯个人自由权利为原则，罪犯作为对社会契约的反叛，其犯罪行为就是对社会公共意志和基本道德良知的否定，他们是因此而非其他什么原因才丧失了自由权利。所以个体权利的发生有一个对应的"取消"状态，那就是犯罪。

从沦为"奴隶"的角度，最为严重的犯罪行为是什么呢？那就是对于婚姻制度的违法行为。乌托邦人奉行"一夫一妻"原则，"除非发生死亡"，婚姻关系不会中断，"破坏夫妇关系的人罚充最苦的奴隶"②。婚姻的神圣性确保了道德的神圣性，这是集中于社会内部运行规则的最为根本的规则之一。对于莫尔来说，婚姻促成了家庭的诞生，又同时

①托马斯·莫尔：《乌托邦》，戴镏龄译，商务印书馆，1982，第86页。

②托马斯·莫尔：《乌托邦》，戴镏龄译，商务印书馆，1982，第89页。

孕育下一个社会成员，这种传承关系使得婚姻的重要性几乎不要再通过别的什么证据予以证明。它本身就是社会稳定的可靠保证。然而，婚姻制度依然是私人生活的一部分，它因为具有保持社会相对稳定的作用才具有了公共性。这种半私人半公共的权利不可能成为整个国家的公益与公意引申出来的权利的基础。莫尔需要一个更加纯粹的东西来帮助他论证乌托邦国家制度的优越性。

"在别的国家，人们固然谈说公共福利，但奔走打算的却只是私人的利益。在乌托邦，私有财产不存在，人们就认真关心公事。诚然，以上两种情况，都各有道理。因为，在别的国家，许多人知道，不管国家怎样繁荣，如果他们不为自己另做打算，他们就要挨饿。因此，他们势必把个人利益放在国民利益之上，亦即放在别人利益之上。"[1]在普遍的个人本位主义的情况下，个人将自身利益置于他者利益之上引起了思想史（特别是政治思想史和社会思想史）上的长久争议。直到亚当·斯密才为私人利益的合理性予以正名，而边沁也同样认为私人利益的扩展终究会汇合成社会公益的大海。所以私人利益在近代后期的思想家们看来也应当成为个人追求自由的一部分（美国的《独立宣言》对此也予以肯定）。但是，莫尔的时代显然将之视为国家治理不善的一个

---

[1]托马斯·莫尔：《乌托邦》，戴镏龄译，商务印书馆，1982，第115页。

重要根源。那么解决办法只有一条："一切归全民所有。"后世的共产主义（特别是空想社会主义）者显然从莫尔的"全民所有"思想中受到巨大的启发，社会资源的公有是杜绝一切私人之间利益之争顽疾的良药。不论社会的复杂度如何、适合分工的细化度如何，资源的公有似乎可以解决生存或生产的基础性问题。但是资源的配置如何实现最优化，这恐怕是中世纪生产力条件下的莫尔的理论无法为近代资本主义工业生产力条件下的生产关系所照顾到的。"作为一个思想家来说，莫尔在社会思想史上占有特殊的地位，他给后代留下了第一个经过全面考虑的社会主义社会的方案——尽管在这个方案里，我们可以找到许多空想主义的特点，这些特点反映了十五世纪到十六世纪英国的经济发展水平还不够高。"①

所以，接下来，莫尔也未能提出社会公共资源的有效配置方法，他更多的是为了对他所处时代的"上流绅士、金铺老板等这般家伙，不事劳动，徒然寄生，追求无益的享乐，却从国家取得极大的报偿"的现象予以强烈批判。"这些坏蛋虽把可以满足全体人民的一切财富都私相瓜分了，他们还是远远享受不到乌托邦国家的幸福啊！"②这种诅咒似的童话

---

①托马斯·莫尔：《乌托邦》，戴镏龄译，商务印书馆，1982，第145页。

②托马斯·莫尔：《乌托邦》，戴镏龄译，商务印书馆，1982，第117页。

寓言与伊索寓言一样无法解决任何实际问题，它只是在无情地揭露不平等的残酷现实。但是莫尔却因为这一通近乎辱骂般的诅咒得出了"一切归全民所有"的结论。这在政治思想史上不能不说是一次颇富开拓性的见解。乌托邦人的国家作为莫尔所处现实的对立面，只能是一个简单的参照物，它没有自身的客体价值来供其他人继续为消灭财产私有和社会资源配置不公造成的恶来辩护。客体价值的缺位，使莫尔必须认认真真地考虑这种纯然处于文学创作范畴的政治案例可否为现实中的人们所认同，而这取决于他自己的态度。"我情愿承认，乌托邦国家有非常多的特征，我虽愿意我们的这些国家也具有，但毕竟难以希望看到这种特征能够实现。"[1]在莫尔这里，关于社会权利或个人权利的发生究竟是"预言式"的还是"寓言式"的都不重要，他只是通过一种文学虚构来表达对现实的强烈不满，所以关于空想社会的预言被放置进了柏拉图"大西洋国"寓言的外壳之中，脱离现实政治的限定才能更好地表达关于未来社会的理想。莫尔不需要去扬弃来自中世纪基督教天国思想或千禧末世主义的精神内核，他要做的就是将这个未曾存在的国度作为其政治理想的基础。

亨利八世强力推进的绝对主义君主制，使英国社会得以

---

[1]托马斯·莫尔：《乌托邦》，戴镏龄译，商务印书馆，1982，第117页。

从玫瑰战争的创伤中走出，走向一个完成了的民族国家而不是继续延续德意志式的封建传统。而伊丽莎白女王的统治又大大增强了英国的整体实力，等到了她的继承者那里，英国社会开始进入到一个政治变革的临界点，这也许是莫尔未曾预见到的。但是莫尔的权利理论将"一切归全民所有"作为基石，最大限度地体现政治权利的大众基础，将大众的公共意志和社会的公共利益作为权利发生的出发点，用谈话式的手法展现了许多思想家梦想中的乌托邦的第一个范本，这对于后世来说已经足够了。

二、大洋国

对于哈林顿而言，权利来自财产权，财产权的基础是土地所有权，这一点与约翰·洛克相似。这是因为土地具有生产的第一条件以及不可再创造的属性。所以作为财产权也就是人的生存权的基础显然比空洞的神学理论赋予的人本身的特殊性（神创论）要来得现实。然而，哈林顿的"大洋国"与莫尔的"乌托邦"相比，人性的关怀让位于政治上权利的均势体系，这种体系在哈林顿本人看来，能够更好地保障个人的权利。

"本土国家是建筑在所有权上的。所有权就是动产或不动产的所有权，也就是对土地、金钱或商品的产权。"[1]权利

---

①詹姆士·哈林顿：《大洋国》，何新译，商务印书馆，1963，第10页。

的对立被解释为财产的对立，平民产权与贵族产权决定了平民与贵族在整个国家中的相对地位。[①]维系政府的原则被确定为"均势"，确定土地均势原则的法律就是土地法。土地法就成了一切财产权的法律基础。财产均势的本质就是土地的均势。哈林顿在对霍布斯的驳斥中，指出了罗马的最高权力机构（在哈林顿看来）并非一个唯一的罗马人民大会，而是一个二元式的元老院与人民大会。这种反映在最高统治机器上的二元结构，直接暗含了如下前提：罗马统治结构的内部处于贵族与民主的对立状态。而外部的约束，即将罗马国家融合为一个整体的铁箍，就是自然法。这种对立特征既可以在亚里士多德对希腊城邦的研究中，又可以在与哈林顿时代稍近的马基雅维利笔下的意大利城邦中找到。"在下边这一点上，我是同意马基雅弗利（即马基雅维利）的：当贵族或士绅的力量压倒民主政府的时候，他们就会彻底消灭或破坏民主政府。同样的道理，往后我将指出，在民主政府中，贵族或士绅的力量如果没有超过民主政府，那么他们便是这个政府的生命和灵魂。"[②]这种贵族或士绅共和主义的要害在于，利用财富分隔出民众中的"少数派"，由少数派来实现民主政府的社会统治。

---

①詹姆士·哈林顿：《大洋国》，何新译，商务印书馆，1963，第11页。

②詹姆士·哈林顿：《大洋国》，何新译，商务印书馆，1963，第15页。

而分隔在形成了新均势后，不是退居一旁，它继续一种治理技术的形式来充当权利的捍卫者。均势策略在我们的时代被当作是国际政治（或国际关系）的一个主要任务，以帮助离岸平衡手完成保持地缘政治局势稳定的目标。但是在哈林顿这里，均势策略恰恰是与孟德斯鸠的分权策略异曲同工，它讲究一种权力的艺术转化成为关于个人权利的技术。技术化的进步将使传统的全能型的权力（上帝赋予摩西的"十诫"形成了宗教意义上的立法权）拆分为不同机构、群体、集团、阶层甚至职业的权利（如印度的种姓制度）。所以，近代的权利指向不会像古典时代（此处主要指欧洲的法治化历史：从罗马的十二铜表法到查士丁尼法典）的权利体系那样归结为社会的整体化需求。与之相反，个人的权利在被确立前就已经成为思想家关注的对象，甚至是社会默认的原则。"没有财产的均势，公众的剑只不过是徒负空名或一只咯咯乱叫的青蛙而已。"[1]那么，财产权以剑（武力）的力量作为后盾，这种说法其实是不确切的，至少在哈林顿看来，武力作为权利保障的底线虽然具有严肃的政治学意义，但是，从更为普遍的理念尤其是社会公意的角度看，也不能完全作为权利的依托。哈林顿需要给予个人财产权一个更为坚实和普遍化的基础。

---

[1]詹姆士·哈林顿：《大洋国》，何新译，商务印书馆，1963，第13页。

　　哈林顿批判了利维坦理论中的主权原则：罗马的公民大会与元老院实际上是两个机构。但是从立法权限来看，这同时具有主权者的立约功能。而霍布斯却将这一立法功能凌驾于主权者（人民）之上，因为一旦主权者将权力赋予最高立法机构就使得以前由主权者与社会订立的契约无效，所有的权力归于元老院甚至"十人委员会"——权力就从权力的掌握者手中滑向了一小撮寡头手中。罗马共和国后期的历史就是一部集权史，从公民大会到元老院到执政官再到手握兵权的地方总督（恺撒大帝曾任高卢总督），这意味着不论在哪里划定立法者与合法暴力持有者的界限，卢比孔河从来挡不住军事独裁者的脚步——在古罗马是苏拉和恺撒，在英国内战中是克伦威尔，在法国则是拿破仑·波拿巴。哈林顿意识到这种均势策略难以在一种特殊的时代背景或社会形势（内战或革命）中贯彻，所以利维坦的集权主义幽灵对于共和主义民主而言不仅仅是理论上的威胁。

　　"有关公众的剑或军队的权利的争论，似乎可以搁下不提了。因为不管政府将采取什么政体，也不管它怎样变化，这种争论总是和所有权失去均势分不开的。"①均势不是保障而是技术，一种由权力指向权利的技术，一旦权力开始向某一个点高度集中，那么均势立刻瓦解。

_____

①詹姆士·哈林顿：《大洋国》，何新译，商务印书馆，1963，第15页。

　　均势瓦解具有必然性的特征，这并不是说在一般的权利体系中无法建构一种关于平衡的艺术。只是在普遍的认知范围内，权利的创生和消灭并不是一种可以预见的东西，没有人会认为法国大革命的目标必须和英国内战的目标相一致。虽然英吉利海峡两岸的人民可能都渴望相似的自由或平等，但是不论是时代背景还是社会形势都不允许一个民族会与另一个民族出现相似的遭遇。这就是历史的偶然性。历史的偶然性必然要扮演社会权利的催化剂，它将社会上的各个阶层的诉求都作为考量指标，最后却以一种完全随机（random）的形式来予以实现。所以人的权利必须要有一个客观性的依托，不是纯粹主观的理念——不论这种理念具有怎样的道德层面上的"善意"，对善的伦理学追求最后必然成为政治学上对恶的限制的前置条件。这也是为何政治学的本质是伦理学的而非物理学的。反过来看，政治学的追求目标渐渐趋近于社会学对于人类活动的规律性的把握，这不但不能够真正确立绝对的评判标准，反而使社会学陷入了不可知的怀疑论境地：人类学家（或社会学家）的外部观察（他者在场）是否对观察对象的活动本身造成了干扰。与之相似的是，政治领域的决策成为社会某些群体实现自身价值的外部干扰项，这种矛盾的调节机制被作为"社会治理"来对待，但是却无法掌握其中的必然性目标。类似的"薛定谔的猫"——非生非死状态无法作为政治决策的必要依据，那么社会治理的最终目标是什么，这个问题就没有答案。相反，我们可以问社会治理的最终目标不是什么。

为了能够确保个人权利不再成为政治学或社会学意义上的干扰项，人的权利被谨慎地替换成了"法的权利"："政府正是一个国家或城邦的灵魂。因此，在共和国事务的辩论中，由决议体现的理性必然是美德。如果一个国家或城邦的灵魂是主权，那么国家或城邦的美德就必然是法律。但是如果政府的法律就是美德，美德就是法律；那么它所治理的国家就是权威，权威也就是它所治理的国家。"①政府、国家、美德、法律、权威就这样统一成为一个整体，在其中，法律与美德画上等号，法律就是美德，美德就是法律——完美解决了伦理学中的善与政治学中的权力之间的关系难题。"我们知道，一个共和国之中制定法律的是人。因而主要的问题似乎是：怎样才能使一个共和国成为法律的王国，而不是人的王国？"②这个问题是上一个问题的引申，哈林顿希望在法律的制定过程中体现合理性，合理性的本质就是合乎理性，当然他又使用了"理智"这个词。所以法律的创生是权利之所以成为法律限定范围内的权利，权利的发生有着"法"的客观性，但是法律的人定性质又再一次告诉人们，客观的法律只是一个相对的概念，其背后仍然是纯然的人的因素，哪

---

①詹姆士·哈林顿：《大洋国》，何新译，商务印书馆，1963，第20页。

②詹姆士·哈林顿：《大洋国》，何新译，商务印书馆，1963，第21页。

怕被冠以"理智"之名。

于是乎，"人类要不是比动物更不公正，就必须同样承认他们的共同利益就是共同权利。如果理智不是别的东西，只是利益，而全人类的利益又是正确的利益；那么，人类的理智就必然是正确的理智。"①到此为止，哈林顿使得法律作为权利前提的幕后交易浮出水面：人类依据理智制定法律，依靠法律确定权利，然而理智的本身却是人类的利益。也就是说，利益是法律制定的根本依据。为了能够保持整个社会的权利和利益不被某些极端的对立势力所颠覆，为了使法律在一定范围内保障整个社会的公共权益，国家必须尊重最为基本的治理原则——均分和选择。"如果我们能了解上帝在自然界的业绩，就会明了他甚至连谁应该分、谁应该选的问题都没有留下让人类去争论，而是把人永远分成两个阶级。一个阶级有均分的自然权利，另一个有选择的自然权利。"②而"所谓均分和选择，用共和国的词汇来说，就是辩论和决定"③。

自然权利的发展到这里就归结为两种治理技术的运用，前者保证平等，后者保障公正。而将两者统一在一起的就是

①詹姆士·哈林顿：《大洋国》，何新译，商务印书馆，1963，第22页。

②詹姆士·哈林顿：《大洋国》，何新译，商务印书馆，1963，第23页。

③詹姆士·哈林顿：《大洋国》，何新译，商务印书馆，1963，第25页。

我们这个时代已经熟知的代议制政体：政府由人民的代表组成，并且在立法机关中通过辩论来决定国是。那么在哈林顿的自然权利中占据核心地位的不是自由而是平等，"一个平等的共和国的基础或产权均势和上层建筑都是平等的。换句话说，它在土地法和轮流执政方面都是平等的。……如果土地法能解决国家的基础问题，那么轮流执政的制度就可以解决上层建筑的问题"①。换言之，哈林顿心中立国的首要原则就是平等，而非其他。

平等的理念作为一种普遍的意识早就贯穿于人类文明之中，对于平等的追求是人类社会发展的密码之一。平等与权利的关系最为直接，它显示了当下的人与人之间关系的对等性。而这又是等级制社会希望极力抹杀的一个重要因素。权利的对等性将人与人之间的关系和谐化，不论从利益诉求还是政治权力的视角来看，权利对等意味着人际合作可以扩大到无限的范围中，这就是相对于等级制的最大优势。哈林顿的平等当然不是指向整个社会的平等，而是资产者的平等主义，他们拥有与君主相同的权利，这些权利最后都形成那种被称为主权的东西，也就是《利维坦》的作者试图用一种偏狭的契约关系所限定的东西。因此，平等是一切权利关系的起点，也是近代政治哲学的中心，围绕着这个中心体现的必

---

①詹姆士·哈林顿：《大洋国》，何新译，商务印书馆，1963，第36页。

然是它的各种对立面，关于一个作为整体的巨型集权社会，它需要的就是不平等的金字塔构造。

一个世纪后（即1755年，而哈林顿的《大洋国》发表于1656年），卢梭区分出了两种不平等："一种，我把它叫作自然的或生理上的不平等，因为它是基于自然，由年龄、健康、体力以及智慧或心灵的性质的不同而产生的；另一种可以称为精神上的或政治上的不平等，因为它是起因于一种协议，由于人们的同意而设定的，或者至少是它的存在为大家所认可的。第二种不平等包括某一些人由于损害别人而得以享受的各种特权，譬如：比别人更富足、更光荣、更有权势，或者甚至叫别人服从他们。"①而卢梭探讨导致人类不平等的基础正是哈林顿心心念念的财产权导致的不平等。这组由英国内战向法国革命传导的思想变革，是历史发展的必然结果，还是社会一般趋势导致的思想上的启蒙，其实并不是关键。关键在于不平等是否合理？它是否像启蒙主义的先哲揭示的那样是一切人类悲剧的重要推手？哈林顿并不是想解决这个问题，他想充当立法者——"大洋国典章制度"的创立者，不论这些典章的论据来自以色列还是古罗马，雅典或是威尼斯，重要的是哈林顿深信法律的力量可以超越一切不规范的人类行为。因此《大洋国》的文学色彩要远远弱于

---

①卢梭：《论人类不平等的起源和基础》，勒塞尔克评注；李常山译，法律出版社，1958，第70页。

《乌托邦》，它的立法功能成为整个文本的主体。

　　哈林顿为何要自荐成为立法者？如同霍布斯阐释主权契约一样，哈林顿需要关于共和国创立的详细方案。这个方案本身体现为共和国的法律。他要对"至少是其中最能说明政府理论的部分，加以研究，以便用作参证"[①]。这些法令作为共和国得以成为共和国的基本要素，充分体现了哈林顿心目中的共和主义原则。所以，只有通过长篇累牍、不厌其烦的法律阐释，才能使关于"大洋国"的一切政治制度和行政管理机制显得无比清晰。但是，这些原则显然取材于古代罗马和希腊（主要是雅典），所以哈林顿虽然不是一个原创者但至少是古典共和主义的继承者（这一点类似于马基雅维利）。这样就出现了两个相互补充并同时也可看作对立的近代政治哲学传统：霍布斯的集权主义与哈林顿的共和主义。而古典共和主义者对于权利的理解则走向了个人主义，这是哈林顿权利思想的必然宿命。

三、权利的文学性

　　16世纪以来，从托马斯·莫尔的《乌托邦》到孟德斯鸠的《波斯人信札》，这些作品是关于政治的寓言。大量的政

---

①詹姆士·哈林顿：《大洋国》，何新译，商务印书馆，1963，第77页。

治文学作品中，有一部分流传后世。原因并非在于历史选择了其中的只言片语，而是肯定了书中的人文主义理想。

从利维坦到克苏鲁，人类神话的创生，是早期人类的文学创作。它反映的是原始的哲学意识，即对外在于自身的一切事物及其内在关系的理解。利维坦的意义不会比奥丁、宙斯、恺撒来得更多、更大，它只是刚好被霍布斯加以借用而已。克苏鲁的出现同样预示了反理性主义建构的现实世界将会降临人间。当然这种意识很难被近代以来的理性主义哲学家们所接受。因为理性意味着哲学的思辨基础呈现出一种可控制和可预测的模式。

国家的重要作用在于暴力的合法化、集中化和体系化。一般的论证模式为："政府有权……"西方思想家纠结于到底是个人主义的国家为个人服务，还是集体主义的个人从属于国家。前者以英国为典型，后者以德国为代表。近代以来，尤其是启蒙运动以来，思想史是记录理性与非理性（反理性）之间的斗争的。非理性要想获得合法地位并不难——人类向来自视甚高。人类的地位在启蒙运动对理性的无限推崇中抬升。自然权利或自然法学说，用抽象的概念（自然法）取代形象的概念（上帝）。神的人化与人的神化，这两项工作同时进行。

宗教改革中人凭什么可以与神对话？由巫师、萨满作为中介，到教会作为中介，到中介的取消，人其实同神平等化了。理性的工具化，作为追求客观性的一次伟大尝试推动了近代科学的诞生，尤其是工业革命以来工业化生产演变成了一种不顾一切的对高速度的追求。特别在军事领域，普法战争中，普鲁士通过高效的铁路系统在极短的时间内调动了军队完成了对法作战的战略部署；一战中，法国利用出租车运送军队上前线；二战中，德国国内的高速公路建设成了国家交通基础设施建设的典范。科技革命就其本质而言就是一场关于速度的革命，比比谁更快。

　　而社会生活的戏剧化向泛娱乐化的转型——从佛教到伊斯兰教的出现，宗教提供了必要的精神消耗品，宗教复兴如同文艺复兴一样，都是民众对精神产品的渴求。现代文明自宗教改革、启蒙运动以来提供了理性——17世纪产生的最大的精神产品。19世纪提供的则是革命——在红色旗帜的海洋中，个体的命运交付给了一个无形的共同体，并在领袖的带领下去实现各种美好的愿望。这种精神需求持续到乌托邦幻梦的破灭。对民众而言，电影院大屏幕前与广场上产生的戏剧效果之间的差异在于参与感。由个体直接投入到宏大的历史场景中，一方面当然会感知自身的无限渺小，但另一方面又会感觉自身成为"大我"的一部分，在这种绚烂的历史实践中，个体价值得到了最高度的升华。当然，革命狂欢也有难以回避的经济成本，所以狂欢得越激烈，退潮就越快。因而，参与者们需要每天都获取一个更高的亢奋点。政治家们每天都要操心给民众安排或亲自表演新的剧目，而民众总是喜新厌旧，且走马灯式的舞台变换也不一定能让社会买账。

然而舞台不会轻易变动，那只有让剧团们（政治组织）辛苦了。美国的电视辩论把政治家的演员属性（终结冷战的里根总统就是好莱坞演员出身，曾担任加州州长的施瓦辛格也是著名演员）直接呈现在电视观众面前，投票者可以左手拿着可乐，右手抓着爆米花来尽情欣赏一番，最后决定投谁一票。泛娱乐化时代的来临不是告别革命——革命从未离开——的结果，而是革命不能提供持续的兴奋点的结果。如果现代政治不能提供持续性的感官刺激，那么除了"演员"本人，就不会有人去关注它了。政治运动，这种人造景观不会比其他的建筑奇迹，诸如金字塔、埃菲尔铁塔、胡佛大坝产生更大的权力娱乐化效应，所以它必须不断地树立新的目标，上演新的剧目。

换一个角度来看，政治也是一种艺术，青史留名的政治家必须要比最著名的艺术家更富有想象力，然后还要去倾力实现：胡夫金字塔、万里长城、京杭大运河、苏伊士运河……这些人间奇迹，何尝不是政治舞台上的布景和道具？权利只有我们行使时它才存在，金钱只有花销时才存在。账面上的资金同纸面上的权利是一样的，只是一个记录。

所以到文学叙事的最后阶段，关于自然权利的虚构让位对民族起源的虚构，民族主义思潮为现代权利提供了新的文学驱动力。

民族主义并不比其他意识形态能为人们提供更多、更好的东西，它虚构的幻想一点不比各种一神教来得更加真实。

只不过，只有它能够在现阶段衔接非洲和中东的尚未完全脱离自然束缚的部落主义与欧美发达的文明社会向往的"人类一家"的世界主义。从亚马孙和安达曼群岛上当代"原始"群落，一直到地处世界第一都市纽约的联合国总部，人类社会发展的不平衡与前途的不确定是唯二能够被国际社会完全确定的事实。因此，正视部落主义——民族主义——世界主义的意识形态链条有助于我们更好地理解各种地缘政治冲突和区域性动荡的事实。自19世纪末以来，各种发端于启蒙运动的乌托邦实验的失败，把人类重新拉回到民族主义的窠臼。人们并非没有意识到民族主义狭隘化、极端化导致的残酷后果，而是对于人类整体而言，历史尚未发展到让每个个体都充分拥有作为人类一员，而非孤立个体或单纯的某国公民的自觉。从民族主义意识形态在近现代历史上强大的生命力更能看清如下事实：权利来自"群体"（the masses）拥有了集体主义（collectivism）意识与团体（team）组织能力（organization）。民族主义有没有提供展示力量的舞台，那是政治家的事。但它提供了舞台前的观众共同体，他们以极大的热情观看政治家们的各种表演，甚至台上台下互动，参与其中。

民族主义作为基于血缘的集体主义，为集体主义提供了源源不断的幻觉动力。在集体主义中，权利可以被视为每个个体让渡给整体的事物，集体以此有了号令个体并且远远超越个体的力量。关于这种力量的运用，任何法律对此都没有约束力。民族主义形成的强大社会思潮在政治领域建构起了一个又一个的民族国家。

民族竭尽全力，希望能掩盖自己属于想象的这件事。大多数民族都会声称自己的形成是自然而然、天长地久，说自己是在最初的原生时代，由这片祖国土地和人民的鲜血紧密结合而成。但这通常就是个夸大其词的说法。虽然民族确实有悠久的源头，但因为早期"国家"的角色并不那么重要，所以民族的概念也无关痛痒。……另外，就算古代许多民族都曾有辉煌的过去，能够存活到今天的却很少。现有的民族多半是到工业革命后才出现。①

所以民族主义作为集体主义的权利共同体从其基础上看，是近代经济发展的产物，是工业革命催生的集体主义幻想。这种集体主义依托血缘与土地之间的模棱两可的关系，构成了现代大多数民族国家的权利合法性的基础。没有任何一个现代国家在推行自身的权利体系时会忽视"民族"的社会心理作用。所以各个国家的政府不惜血本、不计代价地建设民族记忆的纪念物，如纪念碑、博物馆、艺术节、图书馆、档案馆……歌颂民族国家伟大的文学作品更是汗牛充

---

① 尤瓦尔·赫拉利：《人类简史》，林俊宏译，中信出版社，2014，第355页。

栋，尤其是在战争年代，民族的血缘共同体特性将与侵略者进行对比：突出本民族的伟大与光荣，当然不能忘了痛斥侵略者的丑陋与无能。侵略与被侵略的关系在文学修辞上被替换为正义与非正义的关系，而在政治视域中又是权利的捍卫与被损害的关系。这也解释了为何在反对外来侵略的战争状态中，个体权利可以被尽量地压缩，而集体权利能够近乎无限制地膨胀。因为集体权利在危急时刻就是捍卫全民族生存的权利，其他的权利都可以暂时退避三舍，甚至予以放弃。

第七章　权利发生说的现代源流

一、知识论的起源

近代科学的进步导致了哲学的唯物化趋势，由此造成了形而上学的暂时性衰退，哲学需要科学的认可来为自身的演绎或归纳提供实质性的证据。否则抽象的哲学就成了死的东西，一种思维过程的遗骸。近代知识论的诞生，正是伴随着近代科学的发展，一个未曾经历过的广阔世界被哥白尼、哥伦布、伽利略和牛顿发现了，这种发现使得人们必须重新审视过去的世界观，它不是对真正哲学的理念的总结，而是基于《圣经》和古典时代认识论的一种延展，这种延展在外围提供了层层的壁障，防止上帝的领域被自由意志彻底地瓦解。但是经验主义哲学与唯理论者的直接搏斗恰恰开始于英国的科学进步，特别是牛顿的经典力学理论带给近代世界的强大冲击——只有尚未知的，没有不可知的。但是这位物理学的泰斗自己很早就成了一位上帝的卫道士。科学是通往应许之地的桥梁，这恐怕是唯物论始料未及的，然而，从一种全新的认识论角度出发，我们的知识来源于经验与技术进步的结果，那么如果我们能够在整个宇宙的自然法则支配下，认识到认识本身的无限性，就可以断定，不论唯物还是唯心，完善人类知识体系的工作还远未完成。

我们的世界既是为我们提供知识的世界，也是被人类的认知所解构的世界，知识构成了权利的重要来源，正在于它对于已知事物的把握以及对未知事物发展预测的可能性。越接近现代，建构知识的体系就越来越成为一种建构权利的体系。总体知识意味着总体权利，社会共同体不会也不愿回到蒙昧时代，这种脱离了原始本能的求知欲将人类引向何方，这是未知的。但是一旦通过知识的运作，将社会整体提高到前所未有的发展水平，就造成了一种不断向前的内在驱动力——知识可以提供牵引力，就说明在未知的状态必须存在相对稳定的权利关系，只有个体与社会之间的权利界定被清晰地表达了（形成法律），关乎未来命运的知识才被视作通往正确途径的唯一手段。权利关系在知识中体现得最为明显，老师与学生之间，封建时代，行会师徒之间，正是一种将知识结构化为社会权利的经典表现。权利关系通过教育—学习的模式构建起来，并且向一种内在的社会习惯延伸，从开始到现在都不单纯地表现为近代市场的交易行为：学费—知识（技能）。这种模式成了社会共同体中，关于权利主体与客体之间最为常见的模式。"一日为师，终身为父"的理念，将这种外在的权利关系内化为家庭式的父子关系。这对于人类的进步而言非常重要，本身就体现了对知识的高度尊重。这至少在奴隶制时代（西方从文明诞生到罗马帝国，中国的上古三代），就成了超越主奴权利关系的第一步，知识改变命运，首先改变的是教师的命运，他不再是一个奴隶，而是一个掌握了社会认知工具的权利主体。韩愈的牢骚恰恰是满腹经纶在一个特定历史时代的权利化体现。他吐槽的问题在于知识体系的外部规范性的受挫或者说崩溃，但是这种受挫只是暂时的，他非常清楚，知识本身的用途和施展途径不会因为当前的困难而被毁灭。从一种传统教育的理念跃升至"千里马"的命题，韩愈其实指出了知识分子的困境在于外部环境的局限性，这种灾难性的后果并不构成一个王朝灭亡的条件。"冯唐易老，李广难封"（王勃《滕王阁序》）同时体现了盛世之下的知识分流和运行渠道的结构性缺失——这与市场经济下司空见惯的结构性失业是一回事。既然没有十全十美的政治制度，那肯定不会有十全十美的人才使用机制，同理，知识在转化为权利的过程中，其抽象的表现，正是对一种转化机制的渴求。但是结果常常不能令人满意——制度变迁的滞后性，将超越性的知识结构留在了遥远的未来，人类社会从来不会，也绝对不会因为错过了什么知识的发现而严重受挫，也不会因为提前获取了高度的科技知识而提升幸福感。我们认知的世界，就是我们本来应该体验的世界。

　　通过对历史语境的解析，更能够贴近海德格尔在特定的历史背景下，去重新释读尼采和黑格尔的权利哲学。这种哲学也必须依赖其产生的历史环境，将普遍性规律通过哲学语言表达出来。避免概念自身的循环论证，是历史学线性研究的一个重要前提。对于此在世界的引入，需要一个内在的审视过程，当这个过程积累了足够的语义要素后，才能成为特定的思维基础。前海德格尔和后海德格尔正是在历史的困境中，发挥了关于形而上学的唯理主义概念，把概念的内核重新排列成为世人可以接受的模式，以避免二战前的那种疯狂意识再次降临世间。

　　本真缺失状态下的言语功能，形成了理念的真空，即在一种脱离了现实语境的状态下，人们不知道要表达什么或不知道如何表达（不知所云）。这时，一种代言人的角色将出现——公共知识分子长期希望充当的角色。但是在演说家、诡辩者的时代，我们看到了埃德蒙·伯克预见性与海德格尔历史语境的惊人重叠。没有任何力量阻止纳粹登上德国的历史舞台——希特勒扮演了深陷失业困境且处于失语状态的德国大众的代言人。这位演说史上的卓越天才事后被证明是一个穷凶极恶的恶魔——尽管迄今为止，没有任何一个人否定他的演说天才。海德格尔当然不是一个没有判断力和洞察力的傻瓜哲学家，但同时他也并非别无选择。于是一种似乎不能通过语言解释的事实，使得海德格尔在战后遭到了清算。

重构这一个人的历史体验，不是为了从历史学的角度去评判对错是非，而是为海德格尔后期的语言哲学转向提供经验性证据来探讨决定性的根源。这恰恰又成为"战后批判时代"的权利话语的起点。

沉默的生存论（Existenzial）基础成了一种现实的体验，在纳粹统治下，他可以选择"沉默"吗？他拥有"沉默"的权利吗？理念的争论不能忽视哲学家本身的存在环境，黑格尔是否依赖普鲁士的国库，与其哲学中的自由主义隐喻之间的关系已经被证明了高度的联系。因此，在历史语境的海德格尔不能在1926年就体察到他在"未来"能否选择沉默。而只能确认语言中沉默是一个重要的环节，必须承认其存在的重大的意义。所以"真正的沉默只能存在于真实的话语中"[1]，一旦这种真实的话语空间丧失，那么沉默的消极性就一定使得哲学家本人在极端矛盾的前提下做出选择。而这也正是海德格尔处理他与纳粹政权之间关系的要害所在。由此，可以对比米歇尔·福柯在其1984年法兰西学院演讲中的"说真话的勇气"——知识分子能否在特定的历史条件下坚持说真话，这本身就是一个重要的存在主义命题！福柯将"直言"从认识论的结构中提炼出来，赋予其崭新的意义——提升了古典时代希腊哲学本身的语言价值，但从这一点看，与海德

---

①马丁·海德格尔：《存在与时间》，陈嘉映、王庆节合译，生活·读书·新知三联书店，2006，第192页。

格尔的"沉默"有着异曲同工之妙。福柯在探讨苏格拉底《申辩篇》时进一步指出："在'直言'这种说真话的形式中，勇气为什么是必要的。但这种勇气不应该被应用于政治舞台上，事实上在那里这项任务不可能完成。他应该以非政治直言的形式运用这种说真话的勇气，这种直言将以考验内心的方式开展。"[1]语言如何为自身提供真实性的基础，直接导致了对于抽象真理的追求是否具有绝对意义。在"谎言重复一千遍就是真理"（纳粹宣传部部长戈培尔语）的政权统治下，海德格尔如何实现自身的哲学理想，结果岂不是一目了然的吗？

"归根到底，哲学研究终得下定决心寻问一般语言具有何种存在方式。"[2]通过对此在的世界观以及其中由语言科学的空间性带来的问题进行诠释，海德格尔必须在他自己提出的此在范畴内解决他自己提出的语言存在的难题。由此，语言从生存论的结构进入到关于此在的建构中，并通过分析闲言、好奇、两可和沉沦与抛弃等形式来实现语义在现实中的转化。这正是海德格尔前期语言哲学的标志性特点。这位纳粹政权任命的弗莱堡大学校长如何实现理念与此在的统一，成为战后思想界对他的重要评判标准。语言来自历史，语言

---

①米歇尔·福柯：《说真话的勇气：治理自我与治理他者Ⅱ》，钱翰、陈晓径译，上海人民出版社，2016，第73页。

②马丁·海德格尔：《存在与时间》，陈嘉映、王庆节合译，生活·读书·新知三联书店，2006，第193页。

哲学何尝不受到历史因素的影响。理解其此在的非本真状态如何导致了语言的非本真状态，是把握海德格尔语言哲学转向的一把钥匙。

布迪厄批评了学术性语言是对概念的扭曲，即哲学家、法学家等等通过生产和再生产特殊语言来使人们对于特定概念产生独立性的错觉。"因此，那些严格意义上海德格尔式的概念借自于日常语言，但强加以形式的过程导致它们发生了变形。"①这类概念不是要隐藏其本意，而是通过语义关系的变形来满足构筑新体系的需要。布迪厄对其语词游戏的批判显得非常尖刻："例如说，后期海德格尔的哲学语词游戏就有这样的情况：Denken=Danken（thinking=thanking）。不过要是译成法语的话（pernser=remercier），高卢人的规则有些让他为难了，这种游戏的魅力就稀释了。"②认知的扭曲开始于话语的扭曲，这就是为何话语导向的认知必须为科学导向的认知让步。

科学的魅力在于它是人类智慧自我实现的重要途径，智慧在认知领域得到了一种无与伦比的自我证明。不但证明了智慧本身的崇高，同时也肯定了人本身的伟大。此外，通过一系列的科学发现和技术发明，人类不断地挑战自我认知的

①皮埃尔·布迪厄：《海德格尔的政治存在论》，朱国华译，学林出版社，2009，第80页。

②皮埃尔·布迪厄：《海德格尔的政治存在论》，朱国华译，学林出版社，2009，第82页。

极限，一次又一次地飞跃巅峰。这种巅峰境界成为对那些不畏惧艰难险阻的人们的最大奖赏。由此，我们看到了开创新世纪（伽利略、牛顿）和开辟新世界（哥伦布、麦哲伦）的先驱者们，如何在个体的价值提升中，找到了自我的最大快乐。然而，新的科学体系意味着新的认知体系的建立，它必然是对旧观念的剧烈破坏，其破坏的强度超过了一切封建领主和教会神父们的认知。他们再也不能什么都不说，就继续延续着中世纪以来的各种权利关系。新的认知体系告诉了民众，什么是新的开始——1517年路德的改革元年到1917年列宁的革命元年，整整四百年的认知体系变革重新塑造了欧洲的面貌，同时也改变了世界的面貌。科学成为权利发生的另一条隐秘途径，只不过，它隐藏在经济发展和工业化的浪潮之中，难以被人们所察觉。"知识就是力量"更像是一则古老的预言，预示着工业时代大众政治的诞生将以技术进步为条件。而技术的推广和普及一方面破除了古老的君权和神权的神秘性，另一方面又使得社会秩序在飞速的发展中更加显得不怎么稳定。

社会失序不再具有充分的经济学理由，它只可能成为社会各种矛盾的发泄装置。这是因为科技进步越来越呈现出"去中心化"的特征，这个世界不再围绕着政治哲学划定的权力轨道运行，而是依照着个体感知——哪怕这种感知来自网络另一端的陌生人——展开。因此，18世纪中期解开的技术魔咒可能会成为人类进步或毁灭的直接诱因，而个人权利在最大化的同时，意味着传统社会——智人在旧石器时代形成的共同体走向彻底瓦解。人与人之间的抽象联系被具体的技术联系所取代，人不再是一个生物学意义上的认知对象，而是电子屏幕另一端的交流对象，而这个对象不一定是一名生物学意义上的人类。权利体系由金字塔形逐步扁平化为一个平面，这是一个由无数个技术平台关联而成的知识共同体。

二、异化的开端

把握确定性，与个体本身的异化：在一个被制度完全结构化的群体中，个体的一言一行都需要符合整体的需要，这类需要在一开始有一个明确的目标。当目标实现时，个体仍然会遵从过去的习惯。职称的晋升序列和需要付出的努力，无法与田园诗的生活相统一。大多数人已经对于不可把握的，或无法确定的未来丧失了激情。制度对于人类社会而言最大的功用不在于规范人类的私人生活，而在于提供在共同体内发展的确定性。法律的技术化处理，使得普通人对于与他息息相关的权利毫无感觉，他仿佛是在遵循一种与生俱来的规则，不需要从幼儿园开始就被拉到普法培训班去深入学习，以养成遵纪守法的"好习惯"。这本身就很奇怪，没有学过法律的人，与他是否犯罪几乎毫无关系。这也是为何大多数人都能在社会上安分守己地活下去。社会在何时为人们提供了这样一种人文环境去满足维护基本秩序的需要，这本身就是一个值得研究的课题。

从费希特确立关于"自我"的主观唯心主义体系开始，异化就日益成为一个现代社会标志性的主题。异化的生产力背景比它所应该具备的哲学思辨背景更具有强烈的现实意义。技术进步带来的从属行为，有时候会被美化为"归属感"，在黑格尔那里个人的权利在脱离了家庭的父权制结构后，从属于完全自我独立的市民社会。而黑格尔却不能够彻底扬弃普鲁士绝对主义君主制在国家整合方面的巨大成就，他必须接受并无条件地默认这种成就为德意志带来的好处。曾有某些时刻，他是否会认为正是普鲁士的绝对主义王权给德国人带来了虽然比不上英国，但至少不逊于法国的个人自由？在他"绝对精神"的场域中，个人权利真的有想象中的那么伟大吗？可能更加伟大的是将这种一个个渺小的个人欲求统一成国家目标的那种"世界精神"——向整个自然界和人类社会展示人作为整体的力量的那种诉求。在费希特和黑格尔的时代，也恰好有一个人做到了绝对的自我实现与"世界精神"在尘世的呈现：马背上的拿破仑。

然而，异化也从这里开始，拿破仑推广的革命原则被封建世袭制的个人欲望所劫持，所以他必然垮台。一个完全背离的时代目标与个人理想不可能统一在大陆帝国的征服活动中，它要么违背了历史的趋势，要么继续毒化人心。所以黑格尔从耶拿到柏林的蜕变实际上是其哲学理念的异化。只不过这种异化被小心翼翼地包装在历史民族主义的锡纸之下：

从东方暴君的任性到日耳曼民族的普遍自由，个体权利可以通过种族的特性来获得实现。所以"亚洲必然屈服于欧洲，这是亚洲的宿命"，这也可能是亚洲人的宿命。历史哲学给个人权利定下了一个晦暗的基调，这条关于族群特性的权利学说毫无疑义地走向了近代疯狂的种族主义。达尔文的"生存竞赛"被引入到权利哲学中，必然出现"优等民族"与"劣等民族"的分野，在全球化权利的谱系上，以欧洲新教徒为顶点的权利金字塔巍然屹立，并通过全球的殖民化运动被予以强化。

但是，这里还有另一条由柏格森"生命哲学"引出的现代权利线索也是我们观察的对象。通过围绕土地的劳动，产生于自然界之间的，或者是生存环境之间的权利关系。这一点农业、游牧、渔猎民族是相通的。来自自然界的所得物归谁所有和如何分配构成了权利关系的第一个环节。在现代社会，许多社会工作已经远离了自然本身：在办公室处理大量的文字资料，流水生产线上对产品进行最后的组装，金融证券业的各种交易……与自然的隔离成为工业社会的一个显著特征。自然属性几乎要从城市里日夜运作的各种办公楼和商业区中消失，人在回归家庭后，才进入从属于自我的狭小空间——住宅。过去，专制君主和地方领主们在自己的宫殿和城堡中，地主在自己的深宅大院中，拥有自己的隐私，这个时代却需要拼命地自我展示——竞选演说、就职报告、国事庆典等等，人与人之间通过手机、微信努力建立起各种陌生人之间的联系。社会中，人与人之间的关系既没有变得过于疏远，也没有更加紧密。个体自由依然如同以往的任何时代一样，是一个存在但却缥缈的事物。在形形色色的自由主义理论背后，是对个体存在的长期焦虑，某些理论认定人生来不自由，所以政治权力必须在法律上给予个体权利以充分的保障——当然不会超过必要的限度。另一方面，工业社会揭示的人与机器——尤其在今天，手机、电脑、电视、汽车、轮船、飞机、冰箱、烤箱、热水器等等——之间构成对自然界的交流媒介。郊游和踏青、探险变成了一项"活动"，由人本来应该具有的与自然间的交流过程，转变为娱乐活动或体育运动。这种转变变得越来越自然，一个中产阶级家庭的小孩和一个贫民的小孩同样成了被隔离的非自然的社会人。这不是异化，而是一种升级。与自然间的互动方式，如打猎、种植、放牧，被各种人机取代，或正在取代的过程中。这一过程在不同的文明中或迟或缓，但都成了必然的趋势。回归自然的所有努力都被现代文明进行了机械包装。探险者现在不是要完成哥伦布和麦哲伦的事业，这个事业早在19世纪已经完成，他们其实是借助城市文明的力量进入到另一个星球中，去感受非城市的"美好"。这里没有任何形式的异化，而是个体好奇心的实现。

　　将自然与文明之间的对立，当作人异化的主要证据，这是思想史上的最大错误。人类的智慧推动了文明的进步，文明通过各种方式反哺人类本身——人均寿命的普遍提高就是最大的证明。但是这里不是要否定异化现象，异化是存在的。异化只是文明中部分阶层脱离自然属性的结果之一。农业革命之后，人类被小麦和稻米异化为两种粮食作物的培育者，人与食物之间的关系变成了被养育者与保姆之间的关系。进入城市文明时代后，以城市生活为中心的社会生活，并没有想象中的多样性，它只是由传统的社会层级关系，向社会职业关系挪动了一小步。社会一方面赋予了个体有别于以往的普遍自由：普选权、义务教育、社会医保、失业救济，从摇篮到坟墓都有一套相对完善的保障体系。但另一方面社会内部的焦虑感与日俱增，即生活失去了焦点。多元化和多样性同时带来了选择困难症和强烈的现实挫败感。不论是学者、商人还是政客，他们对事业的成就感在纷繁复杂的社会现象中，即焦点多元化的时代，被严重稀释了。"失焦"的直接意义在于方向感丧失了。

19世纪的无政府主义揭示了传统政治权力对社会共同体的凝聚力下降的现实，于是一种推崇强权的政治哲学应运而生，逆势猛长，自由主义在一战中毁灭，极端主义在二战中得到了最完整的诠释，并非纳粹党有多么合乎人心，而是在城市文明中生活太久的人们需要焦点去面对未知的将来。与农业社会诞生的专制权力不同，在落后的农业国家，专制主义是黏合剂，而在工业社会，极权主义则是麻醉品。纳粹制造了"强大"的幻觉——纳粹德国是否能够征服世界是一回事，它能否提供征服的感觉又是另外一回事。权利关系在文明中，被默认为是与生俱来的，但是在被巧妙地剥夺的时候，它又遇不到任何抵抗。各种科学的论证减轻了政治上被剥夺的痛苦，一件事情是否合理，不是去死扣法律上的权利条款，而是告诉大众这是一个经过充分论证后得出的科学结论。

18世纪中后期，在西方爆发的工业革命以及由西方引发的19世纪产业革命大大改变了人类文明的历史处境。而由二战引发的技术革命成果又将人类社会的进步向前大大地推进。电影、电视、电脑，这些新时代的工业产品从根本上改变了人们的生活，电灯的出现终结了日出而作日落而息的传统生活方式，影视技术的进步使人类的家庭生活也发生了质的改变。20世纪六七十年代，彩色电视在包括日本在内的发达国家开始普及，每个人都可以坐在电视机前像虔诚的信徒那样接收着电视信号。传统家庭生活被这些视觉技术所改变。日本在经济高速发展时期，中产阶级借助国家复兴的东风成长为日本社会的主体，日本进入到"一亿总中流"的社会。而早在1956年，日本著名的电视人、电视评论家大宅壮一曾经批评道："电视这种最进步的媒体展开了'一亿尽白痴化运动'。"著名推理小说家松本清张也指出："看这个架势，电视普及使日本人的思考力钝化。孩子丢开学习，青年丧失思索，在电视前傻笑。长此以往，一亿日本人很可能尽是白痴。"这一对日本电视文化的批评被概括为"电视制造一亿白痴"。电视、电影以及当代的手机，制造了无数的商业广告和咨询信息，这类碎片化的信息在屏幕上、页面上如水银泻地般无孔不入。再加上日本特有的二次元文化（动漫、手游）又衍生出来的宅男腐女文化，使得日本的80后、90后变成了原子化的社会人，他们长期沉溺于网络二次元文化构造的虚拟世界中不可自拔。这一现象与大前研一的"低欲望社会""低智商社会"所描述的现象是吻合的。

从现代日本政治所需要的民主主义的社会基础来看，日本社会很难提供民主主义的自由、平等理念的担纲者，日益虚拟化的生活处境使得日本的中年人、青年人局限在狭小的网络生活世界，对于外部世界的关注，他们多投以不屑的目光。所以，日本政坛上无论是左翼执政，还是右翼执政，无论是自民党一党独大，还是日本社会党重新掌权，对他们的生活而言，都毫无影响，他们不会在意社会政治生活与社会经济生活上的任何变化。而日本现有的社会保障体制只要还能支撑一天，日本现有的社会心态就会延续一天，直到整个经济体系难以为继、土崩瓦解，旧有的统治方式再也无法维系的时候，日本社会才会发生根本性的变革。变革将从一小撮极端主义分子开始，然后再波及日本社会的各个阶层，旧有的政党格局才会被深深撼动，自民党高层以血缘、姻缘为纽带的闺阀关系网才会受到来自社会底层的强烈冲击。社会变革不再是政治变革呈现在国会立法程序中的那些久议不决、前后矛盾的议题，而是实实在在的革命性话语。社会矛盾将以这些话语为突破口，彻底终结温暾不火、犹犹豫豫的现行政党政治关系。

以电视为代表的媒体文化是当代社会文化的重要组成部分，由电视屏幕所展现的社会"景观"成为我们生活的重要参照。（德波：《景观社会》）传统的舞台戏剧转换成现代的电影、电视剧、综艺节目的形式呈现出来，制造了各种戏剧效果，受此影响，政治家的国事辩论、国情报告也通过电视镜头向大众展示，以此证明现代民主政治的公开性、透明性。源自西方的民主主义借由现代的媒体手段获得了新的生命（推特信息诱发的"阿拉伯之春"、美国总统特朗普的推特治国无不证明了现代信息传播手段具有何等的政治能量）。民主政治蜕变为大众政治，大众政治又进一步蜕变为剧场政治，剧场政治继续退化，成为眼球政治，每天我们从电视、电脑、手机上获取的海量信息难辨真伪，这种由媒体向大众的信息传输路径，如果将它逆向递推的话，也正是日本政党政治决策依据的获取路径。由信息不对称和信息扭曲导致的决策失误致使大量社会问题难以根治。政客已经逐渐习惯并且适应现代大众政治中借助媒体手段制造的剧场氛围，他们变成了真正的表演艺术家，政治不再是戏剧，它更像是娱乐业，庙堂之上的唇枪舌剑，也逐渐变成了博人眼球的娱乐演出，庙堂之下的钩心斗角，也会被各种文字和图片编制成娱乐八卦，使人真假莫辨。在NHK（日本放送协会）举办的历次政党首脑辩论直播中，各个政党的领袖如同背台词一般阐述着己方的政策取向或观点。在这些戏剧化的表演背后，你很难看到大众的真正意见，这实际上并不是大众没有个人思考、意见、立场或观点，而是民众的政治见解很难被组织成一个系统化的政策表述。由他们一票一票选举出来的国民代表（议员）最后都会被各种强大的利益集团所裹挟，利益集团的诉求通过选举的形式替换了民众的意见，发展了近三百年的代议制民主在今天更多的是一种政治魔术（正如列宁所批判的"资本主义国家的议会只不过是资本家的清谈场""资本主义国家的选举只不过是民众每隔三到五年决定由哪一批人来统治他们而已"）。

宫坂正行指出："现代是大肆宣传的时代。想效法政治家的人以前都是靠人盯人（人对人）的方式来收集选票，现在靠广播、电视、报纸等亮相来提高效率。为什么这样呢？因为对候选人来说，作为宣传对象的选民相当多，尤其是在参议院全国区的候选人，想在二十天的选举运动期间亮相，不是超人是不可能的。特别是在电视达到百分之九十八的普及率，通过眼和耳向选民宣传的力量是极为强大的，什么力量也难以代替。"①在日本发生的大众政治扭曲只是民主主义权利模式走向衰退的缩影，我们在今天的欧洲——现代民主主义策源地看到的民粹主义逆流将强化这一趋势。

①宫坂正行：《战后日本政治舞台内幕》，耕夫、王之顶译，社会科学文献出版社，1989，第18—19页。

三、主体的缺位：权利与全球化

哥伦布发现美洲宣告了全球化时代的开启，这一历史进程一直延续至阿姆斯特朗登上月球。用海底电缆、人造地球卫星、火车、轮船、飞机维系的全球化运动，自大航海时代开始就未曾中断过。在我们居住的这个蓝色星球上，所有的适宜人类生存的地点都被各种不同的权利关系所分割——在大片的陆地中，除了南极洲之外。这种权利关系通过主权话语赢得了几乎所有后殖民时代民族社会的赞同。于是在历史上从未构建过民族国家的民族借助殖民时代的主权标志——国界——为自己获得了权利空间。这里如果要回到全球化的第二语境中——第一语境是美洲与澳洲的"被发现"，从对全球的认识空间上讲，实现了全球化。近代殖民体系的建构，使得整个地球被纳入威斯特伐利亚体系之下的世界资本主义市场体系中。中国和日本的"被发现"，包括一系列与西方列强不平等条约的签订，成为殖民全球化完成的标志。那么在这整个过程中，全球化语境所展示出来的权利关系就是殖民宗主国与被殖民地或半殖民地之间的权利关系。我们在地表之上，抛开了生物界在好几万年前对人类作为自然物种的绝对束缚，开始通过各种技术手段，包括政治统治技术、社会治理技术，实现了对人类社会的整体管控。从撒哈拉沙漠到加拿大的冰原，从北冰洋到南极洲都被包括在同一个社会文明体系中。

这种全球化的权利铺设，制造了一个无所不包的权利关系网络，它被轮船、铁路和海底电缆联系得更加紧密，今天还包括了外层空间的人造卫星。各种技术手段互相配合，实现了一种文明的有序统一，整体性的价值和理念从来没有像今天这样成为个体本身的构造物，当一个人拿起手机不论是拨通电话还是用微信聊天的时候，这种关联性都成了活生生的现实。其实，我们在伟大的科幻小说家儒勒·凡尔纳的《80天环游地球》中，已经看到了一个"80天"的时空网络，而今天由于通信技术的突飞猛进，这个网络已经按光速计算了。所以，全球化带来的权利关系变革成为对于每一个地球公民而言都须臾不可脱离的事实因素。他在这个权利结构网中出生、生活、工作直至死亡。

然而，19世纪蓬勃发展的浪漫主义运动已经朦朦胧胧地意识到这种启蒙权利思潮造成的个体控制关系，将把个人的理念强行挤压成一种二维的平面结构，每个人不是出现在自己的生活空间中——耕种、歌唱、吟诗——而是在电视画面、电影屏幕、手机屏幕和各种表格中。并且一步步地转化为数据，大数据时代的来临正是说明了个体生活的单一化。表面上各种信仰缺失（信仰邪教也是一种信仰危机的表现），导致了"拜物教"横行，但实际上都是一种行为单一化的表现——很多人什么个人爱好都不具备，或者即使具备也不精通，但他会消费。从各种渠道购买各种"钱"所能及的商品——尽管买回家后只摸过两次，第一次是拆掉包装，第二次是丢进垃圾箱。信仰缺失的后果早已被各路思想家所察觉，并提出了各种诊断方案。但是，在一个全方位的消费主义时代，资本主义的生产过剩导致了对购买力的强烈需求，商品本身被符号化为一种交易代码，通过商品被购买获取资本，而商品本身是什么并不重要，以至于在很多虚拟市场中，商品只是一个纯粹的概念。"拜物教"的流行，使得人们早已经忘记购物是为了什么。这种购物环境的全球化——只要有足够的资金，你可以买遍世界，虽然不能买下世界——将个体置于商品对应物的境地。个体的存在价值在于他购买商品的价值，这就是全球化下主体性缺位后，一种社会生存趋势。一个购买斯柯达的人可能比开保时捷的人穷多了。但很多时候，购买斯柯达可能都是多余的。他上班抑或办事可能有更加便捷的交通方式。或者他可以购买一辆更加便宜的且质量并不差的汽车。消费主义造成了个体的选择困难症，很多商品其实都是无差别的产品，除了牌子不一样，其他什么都一样。但是在消费过程中，选择依然发生，且被冠以个人偏好或品味之类的鬼话。极简主义的出现在一定程度上正是对过度消费的回应和批判，但更深层次上正是对主体缺失的叩问。商品的属性再也不是满足人类需要了，不论是物质的还是精神的，而是生产本身的需要。我们不是在购买生活所需，而是在为生产买单。

消费主义消费了消费主体，这就是这个时代的最大商业命题。如果不能创造更多的价值，那么这个创造者就会很快被市场淘汰，可是我们能否停下脚步问一句：创造出那么多的虚拟价值有什么用？（不理解的人，可以随便拿一款手机，然后把上面的每一种功能都看一遍）于是，消费主体作为社会的成员无法意识到社会的本来价值何在，生存就是生存本身，除此之外，便没有了其他意义。主体性缺失的经济内涵，在此为我们解释了何以全球化会在发达国家也受到不同程度的抵制，尽管这是一种被刻意建构出来的大趋势。

斯洛特戴克所描画的"资本的内部"正是这一趋势的最佳构图，在整个全球性生产的背后，它是全球性资本的超级力量，是人类创造出来的第二个利维坦。第二利维坦突破了第一利维坦的边界，用最快的速度，在短短三百年里创造了人类历史的空前奇迹，乃至诱发了两次滔天浩劫和一次冷战。今天，由于苏联的解体和国际共运的式微，很多人已经越来越不能理解当年的共产主义运动的起因，好像过程被历史化之后，我们还没来得及慢慢品味它所造成的影响，就一下子进入到美国主导下的全球市场时代。但是，若不是当时的工人被资本奴役和压榨得忍无可忍，没人会吃饱了撑的去反抗资本主义。因此，当工人意识到自己在资本创造价值过程中的主体地位时（反对异化），其个体的社会价值便需要通过革命来实现。然而，进入21世纪后，在被称之为信息社会的这个全球化社会中，蓝领工人又重新回到了19世纪和20世纪初给他们的位置，只不过，各国的福利和现代化的基础性保障措施，使得心理上的异化痛苦减轻了，所有的活动都被纳入科学化的评估体系中。由科学调查和评估表格构成的心理干预机制有效地降低了恶性生产（仅问利润，不问其他）给工人阶级造成的普遍性心理创伤。尽管涉及工资和失业保障问题时，工人依然会采取相应的自卫手段。

　　那么，主体性在行动者中，应该如何表现呢？它并不是一种普遍化运动的结果，只是对个人行为的反思。如果在一个全球化的权利关系网络中，个人采取积极主动的行动来实践其个体目标，主体性便是确定无疑的。但正如前所述，主体性的缺失已经成为全球化带来的重大后果之一，然而，斯洛特戴克却认为："作为主体（Subject-Sein）意味着占据一个位置，行动者以此出发，可以实现从理论到实践的过渡。而这样的过渡往往在一个行动者寻找到了某种动机，促使其不再犹豫，而采取行动。自古以来，采取行动最强有力的动因就是强制性命令——这应该是有着内在的和情感的，或者是外在的和社会的自然属性。然而现代性文化中有所作为的因素与他治是格格不入的，因此，就会寻找并找到一种方法，让发号施令者似乎进入了听从命令者的身体内部，这样一来，听从命令者的服从和让步看起来就好像是听从了某种内心的声音一样。"[1]主体性与行动者画等号的做法，有一个缺陷，那就是消极行动本身是否具有主体性的实践特征。消

---

①彼德·斯洛特戴克：《资本的内部》，常咺译，社会科学文献出版社，2014，第87—88页。

极行动者的普遍存在成为社会发展的内在标准，此类消极性
表现将社会整体的速度拉低，以达到被各个阶层能够接受的
程度。在一个高度发达的文明社会，社会的日常生活表现为
"速度"，其基本的计量单位就是时间。在通常的情况下又被
称为劳动效率。显然，自工业革命以来，欧美国家的劳动效
率支撑了其全球领先的发展速度，这种速度又相继体现在交
通、通信和军事等领域。如此，依赖这种效率制造了令世界
其他地区的人们难以置信的事实效果。第二次工业革命时
期，非白人国家中，只有亚洲的日本才逐步跟上了欧美的步
伐，这种速度超越的过程，一直持续到20世纪70年代，日本
成为仅次于美国的世界资本主义第二经济强国。当然伴随着
这种高速度的是令人震惊和普遍存在的"过劳死"现象。二
战后的日本完成了军事日本向经济日本的转变，武士道日本
向工作狂日本的表层转型——没有哪个亚洲国家再具备这个
国家特有的民族性。越是在全球化的过程中，越能够对比不
同国家和地区在自身社会转型升级和经济发展速度上的细节
差异。日本的成就一方面体现了大和民族本身的民族性，但
是在整体主体性凸显的时候，个体显然开始了自我消解的过
程——居高不下的自杀率，为整个社会敲响了警钟。个人主
体性被工作中的速度狂热彻底摧毁，个人被纳入一部巨大无
比的社会生产机器中，充当各种零部件，异化现象蔓延到几
乎所有的劳动领域。并且在少子化和高龄化社会来临之际，
日本的机器人制造将非主体性的特征从人身上转移到劳动的

替代者身上——日本的工业化过程证明了人与机器的深度融合成了不可逆转的历史趋势。

正在日本上演的"工业故事"和现代事故只能被看作必然性的全球化的一部分，在个人权利与他的工作开始逐步共振的时候，全球范围内的权利关系并没有调整到许多人希望的位置。我们看到的全球化在表现为对传统国界的突破和在全球范围内的封闭——直到许多年后可以发生星际交流的那一刻。个体的权利意识在全球化过程中消解于无形，这正是斯洛特戴克的"内部空间"给我们的启示之一。在主体已经意识不到自我存在的时候，我们却发现对地球上的所有地点和事物触手可及。这一奇怪的现象背后，正是"新世界"与旧世界已经融为一体的事实：再也没有哪个地方可以被"发现"了。

"大地全球化的终结"——意味着：人民终于明白，你不可能在世界的任何一个地点作为第一个到达的人；同时你也必须非常明确地考虑到，你不可能就世界上的任何一个话题脱离某个话语体系来表达。在任何一个地方都存在着发现者以及先前的发表观点的人留下的痕迹。现实的条件本身反对了无论在什么样情况下都要尝试新的东西的雄心壮志——尽管从形式上总是并且到处都在要求所谓的创新（更具体地说：不断提升了的不确定性）。不断被采用的线路证明了昔日的发现旅途已经转变成了规则的交通线；各个专业都在努力将每个突然产生的念头和假说纳入成熟的知识体系中去。如果说全球化的时代是以探索和开创为特点的话，那么全球时代的标志则是时刻表和不断增长的交通的繁荣——其中也包括各种流言的兴盛。①

在长期历史发展中普遍形成了社会风俗、习惯，一方面成为维系社会的纽带，给予社会以强大的生存韧性；另一方面，又同时成为社会发展的束缚与阻碍。所以每一次革命和改革都会给社会本身带来剧烈的震荡。各种旧有的权利关系，通过新政权继续存在，而另一些在历史考察中所谓的新的权利被建立起来，但在多大程度上是新瓶装旧酒，就需要我们逐一进行检视了。社会的所谓保守特征，在多大程度上是一个纯粹相对的概念？它不是在自身的发展逻辑中自我消除，而是需要强大的外部力量或内部压力将之摧毁。人类学家在各个未开化地域"发现"的落后文化群落，或多或少被定义为保守的社会文化，这正是着眼于其进步的缓慢甚至在某个参照系内是一种停滞的状态。正如西方殖民者开始他们在"远东"——站在西方中心的视角——的各种冒险活动，不论是探险还是征服，这种活动本身就自带优越的光环。很多时候，战争被当作必要的暴力——英国征服次大陆和打开

———————————

①彼德·斯洛特戴克：《资本的内部》，常晅译，社会科学文献出版社，2014，第243—244页。

中国的国门的惯用手段，被刻画得如此微妙。其根源在于一种凌驾于他者的心态。今天再以中国、日本、韩国或者马来西亚等近代后发型国家的视角来审视现代社会的文明远郊——亚马孙、撒哈拉沙漠以南的非洲、巴布亚新几内亚等地的某些孑遗群落，就产生了一种文明的等差距离——欧美优于东亚，东亚优于拉美，拉美优于非洲，非洲已经发展起来的某些国家优于这些由远古持续下来的人类化石文明。正是欧洲文明在近代通过枪炮和钢铁缔造的现代文明，改变了世界的面貌和权利格局。所谓的保守与进步直接的对立不是一种想象，而被断定为现实，依据在于：在欧洲人的枪炮和商品面前，其他文明一切牢固或衰朽的都将土崩瓦解！

对于暴力、饥饿和未知的控制，成为现代社会稳定的重要标志，社会管控体系、福利体系以及教育体系，分别针对性地将上述三件对个体来说最为关系生存本身威胁的恐惧尽可能地降到最低。除了最为动荡的地区外，大部分国家和社会都普遍实现了对暴力和饥饿的控制，但是当文化竞争表现为一种智力活动的时候，对未知领域的探索成为区别先进国家和落后国家之间的分水岭。美国、欧盟诸国、俄罗斯、日本、中国，不远的将来可能还有印度，都会在外层空间的更深远处实现各自的目标。但地球上同时还有一部分地区，有些民族或社会对自己的胃都不能提供绝对的保证。这种两极分化的现象将持续多久，谁都不能提供确切的答案。特别是在近期，原本自20世纪70年代已经趋于相对稳定的中东又重新陷入了长期的动荡。

　　传统的全球权利体系，从本质上而言并没有受到任何挑战，东亚地区仍然延续了19世纪末期以来的多方平衡格局，以美国为首的全球市场经济体系依然成为维持全球贸易的主要力量。但是今天的战斗不止在宇宙空间打响，不是在最尖端的科技领域，也不是在某些制度的深处，而是向观念宣战。最新的观念和想法也会在最短的时间内失效，最微不足道的理由可以成长为一个体系。踏入社会的第一步不是拥有了自己的职业，而是改变了原有的观念，不论是来自书本，还是所谓的"常识"。

参考文献

［1］塞缪尔·普芬道夫.人和公民的自然法义务[M].鞠成伟,译,北京:商务印书馆,2009.

［2］莱布尼茨.人类理智新论(上下册)[M].陈修斋,译,北京:商务印书馆,1982.

［3］哈贝马斯.事实与规范之间[M].童世骏,译,北京:生活·读书·新知三联书店,2003.

［4］哈贝马斯.公共领域的结构转型[M].曹卫东,王晓珏,刘北城,等,译,上海:学林出版社,1999.

［5］哈贝马斯.行为交往理论[M].曹卫东,译,上海:上海人民出版社,2018.

［6］阿诺德·盖伦.技术时代的人类心灵:工业社会的社会心理问题[M].何兆武,何冰,译,上海:上海世纪出版集团,2009.

［7］彼德·斯洛特戴克.资本的内部[M].常皛,译,北京:社

会科学文献出版社,2014.

[8]马克斯·韦伯.韦伯作品集Ⅱ:经济与历史支配的类型[M].康乐,等,译,桂林:广西师范大学出版社,2004.

[9]马克斯·韦伯.经济与社会:第一卷[M].阎克文,译,上海:上海世纪出版集团,2010.

[10]马丁·海德格尔.存在与时间[M].陈嘉映,王庆节,译,北京:生活·读书·新知三联书店,2006.

[11]费希特.自然法权基础[M].谢地坤,程志民,译,北京:商务印书馆,2004.

[12]黑格尔.法哲学原理[M].范扬,张企泰,译,北京:商务印书馆,2010.

[13]卡尔·曼海姆.意识形态与乌托邦[M].李步楼,等,译,北京:商务印书馆,2014.

[14]孔狄亚克.人类知识起源论[M].洪洁求,洪丕柱,译,北京:商务印书馆,2009.

[15]霍尔巴赫.自然的体系(上下卷)[M].管士滨,译,北京:商务印书馆,2009.

[16]霍尔巴赫.健全的思想[M].王荫庭,译,北京:商务印书馆,2009.

[17]霍尔巴赫.自然政治论[M].陈太先,眭茂,译,北京:商务印书馆,2009.

[18]摩莱里.自然法典[M].黄建华,姜亚洲,译,北京:商务印书馆,2009.

[19]卢梭.论人类不平等的起源和基础[M].勒塞尔克,评注.李常山,译,北京:法律出版社,1958.

[20]米歇尔·福柯.说真话的勇气:治理自我与治理他者Ⅱ[M].钱翰,陈晓径,译,上海:上海人民出版社,2016.

[21]米歇尔·福柯.规训与惩罚[M].刘北城,杨远婴,译,北京:生活·读书·新知三联书店,2012.

[22]米歇尔·福柯.不正常的人[M].钱翰,译,上海:上海人民出版社,2010.

[23]皮埃尔·布迪厄.海德格尔的政治存在论[M].朱国华,译,上海:学林出版社,2009.

[24]英格尔哈特.发达工业社会的文化转型[M].张秀琴,译,北京:社会科学文献出版社,2013.

[25]贝尔.后工业社会的来临[M].高铦,王宏周,魏章玲,译,南昌:江西人民出版社,2018.

[26]列奥·施特劳斯.自然权利与历史[M].彭刚,译,北京:生活·读书·新知三联书店,2016.

[27]罗尔斯.正义论[M].何怀宏,何包钢,廖申白,译,北京:中国社会科学出版社,1988.

[28]艾里希·弗洛姆.逃避自由[M].刘林海,译,上海:上海译文出版社,2015.

[29]汉娜·阿伦特.极权主义的起源[M].林骧华,译,北京:生活·读书·新知三联书店,2014.

[30]托马斯·库恩.科学革命的结构[M].金吾伦,胡新和,

译,北京:北京大学出版社,2012.

[31]爱德华·特纳.技术的报复[M].徐俊培,钟季康,姚时宗,译,上海:上海世纪出版集团,2012.

[32]霍布斯.利维坦[M].黎思复,黎廷弼,译,北京:商务印书馆,1985.

[33]洛克.自然法论文集[M].刘时工,译,上海:上海三联书店,2012.

[34]洛克.人类理解论[M].关文运,译,北京:商务印书馆,1959.

[35]哈耶克.通往奴役之路[M].王明毅,等,译,北京:中国社会科学出版社,1997.

[36]卡尔·波普尔.开放社会及其敌人[M].陆衡,等,译,北京:中国社会科学出版社,2016.

[37]斯拉沃热·齐泽克.意识形态的崇高客体[M].季广茂,译,北京:中央编译出版社,2002.

[38]尤瓦尔·赫拉利.人类简史[M].林俊宏,译,北京:中信出版社,2014.